MODERN ARINIS 기초편

태기(泰氣)무예 (TAE KI MOO YE)

무기조법

최종균 저

도서출판 진영사

태기(泰氣)무예(TAE KI MOO YE)
무기조법 MODERN ARINIS 기초편
최종균 저

2024년 07월 25일 초판 인쇄
2024년 07월 29일 초판 발행

발행인: 박진영
발행처: 도서출판 진영사
인천광역시 부평구 주부토로 236 인천테크노밸리 U1 지식산업센터 B동 1507호
전화 : 032)505-4207
팩스 : 032)505-4206
E-mail : 0183734207@hanmail.net
신고번호 : 제2007-000001호(2007.01.19.)

ISBN: 978-89-6541-664-7 93690
값: 20,000원

머 리 말

필자는 우리의 전통무예에 대하여 몇 가지 고민이 있었다. 대표적인 것이 우리가 무의식적으로 사용하고 있는 무슨 무슨 도(道)라고 하는 무도종목이 과연 우리의 전통적 가치를 담은 신체문화 용어로서 적합한 것인가라는 고민이었다. 이 도(道)라는 문화는 누가 뭐래도 일본의 전통 신체문화를 교의화(教義化)시키는 과정에서 파생된 용어이다. 이러한 개념사적연구측면에서 무도라는 용어의 창제에 대한 배경과 팩트는 연구를 거듭할수록 명확해지고 있다.

이러한 고민은 필자가 대학에서 전공하고, 일본과 중국으로 유학을 하면서, 그리고 교수로서 대학에서 봉직하면서 전공학생들을 지도하는 과정에서 절실하게 느낀 것이다. 우리가 이 도(道)라는 문화에 대해 얼마나 무지했고 맹목적인 자세로 받아들였는지 말이다.

특히 필자가 수련한 합기도의 경우에는 '합기도'라는 무명(武名)의 유입과정과 종주국 논쟁에서 전혀 논리적으로 앞뒤가 맞지 않는 억지스러운 주장을 부끄러움 없이 사용하고 있다. 좀 더 심하게 표현하자면 생계형 아집과 편협한 국수주의, 그리고 날조된 천박한 민족주의와 같은 비이성적인 엉터리주장을 되풀이하고 있다. 다행히 최근에 한국 합기도는 대한체육회의 가맹종목으로 편입되어 '무예로서의 합기도'보다 경기합기도, 즉 '스포츠합기도'로의 변화에 편승하게 되어 이러한 논리적 갈등에서 조금은 자유로워 질 수 있을 것 같다. 이제 부터는 말도 안 되는 억지 주장으로 더 이상 무예로서의 합기도가 아닌 누구나가 즐길 수 있고 정통성에서 자유로운 대중스포츠합기도, 생활체육합기도로의 발전을 기대한다. 참으로 다행스러운 변화라고 생각한다.

이러한 이유에서 한국형 합기도가 하루빨리 일본의 도(道)문화에서 벗어나 우리의 혼이 담긴 새로운 우리만의 신체문화를 만들어 가야한다는 무예전문가로서 소명의식을 가지고 있었다. 이를 실천하기 위해서는 가장 시급한 작업이 용어부터 바꿔나가야 한다고 생각했다. 그래서 고민과 고민을 거듭해서 새롭게 만들어진 것이 '태기(泰氣)무예 아사흔(한글)·TAE KI A-ZA-HEUN(영문)'이다. 여기서 태기(泰氣)는 우리나라 전통합기도의 정립자인 지한재 선생으로부터 영향을 받았다. 한국합기도 정립자인 지한재 선생과는 2010년 미국에서 연구년을 보낼 때 필자의 요청으로 뉴저지의 자택근처 호텔에서 일주일동안 함께 숙식하면서 많은 무담을 여쭈었고, 이후 강무관 총관장인 송성용 이사의 노력으로 매년 국내에서 뵐 수 있는 기회가 있었다. 지한생 선생은 본인이 수련한 무술이 전통 '태질'에서 비롯되었다는 고백을 하면서 한국합기도는 기법상 일본의 아이키도(合氣道)와는 다르고 대동류(大東流)와도 다른 별개의 기법임을 밝히면서 한국합기도라는 무명(武名)에 대하여 안타까움을 표시하였다.

하루빨리 일본식 용어인 합기도로부터 명칭변경을 해야 하고, 우리의 무예문화를 보다 더 진화시켜야 한다. 1957년부터 내 자신이 합기도라는 무명을 처음 사용하였고, 이후 일본의 '탈 일본'을 위해 많은 노력을 하였다. 그러나 오늘날에도 한국합기도는 잘못된 명칭으로 인하여 일본의 그늘아래서 한 발짝도 나가지를 못하고 있다. 한국합기도의 정립자로서 커다란 책임감을 느끼고 있다. 많은 합기도인들이 뜻을 모아 새로운 무명을 만들어야 하고, 욕을 먹더라도 최종균 교수가 학자로서 양심을 가지고 이러한 일을 해주어야 한다. 그리고 무엇보다 중요한 것은 합기도의 기술이 내가 처음 기술정립을 할 때와 변한 것이 하나도 없다. 특히 단봉술, 포박술, 관절기, 족술 등등 진화된 것이 하나도 없고 오히려 어설픈 시합만 하고 있고, 오히려 기술이 퇴화 되는 것 같아 정말 안타깝다. 우리 모두 반성할 필요가 있다(2010년5월 미국 뉴저지,2017년 5월 경기도 일산에서의 인터뷰 내용 정리). 라고 강조하였다.

필자 역시도 1990대에 일본과 중국에서 약7년 간 무예관련연구를 하면서 합기도의 명칭변경의 필요성에 대하여 절감하였고, 귀국이후 기회가 있을 때마다 많은 합기도인에게 명칭변경의 필요성에 대하여 강조하였다. 다시 말해서 합기도라는 일본식 용어를 버리고 새롭게 태기(泰氣)라는 새로운 창제하는 것이 보다 전통성과 정통성 측면에서 의미와 가치가 있다고 생각했다.
이러한 연유를 배경으로 '태질'이라는 의미의 태와 동양무예의 정수인 기(氣)를 담아내고, 전통호흡법인 "아훔"의 호흡을 가미해서 '합기 아사흔'을 거쳐 비로소 '태기(泰氣)아사흔'을 밖으로 내보내게 되었다.

한편 필자의 또 다른 고민은 오랜 역사적 전통이 있음에도 불구하고 우리가 가지고 있는 무기술의 한계에 대한 것이었다.
과연 우리가 전통적으로 내세울만한 무기술과 수련체계는 원거리 타격 무기였던 활문화 이외에 과연 있었는가 하는 점이다. 혹자는 ≪무예도보통지(武藝圖譜通志)≫의 예를 들면서 이 내용 안에 들어 있는 '본국검', '조선세법'등과 같은 무예기법의 가치와 의미를 주장할 것이다. 이를 제대로 복원시켜 우리 민족의 무예로서 그리고 전통신체문화로서 승화시켜야 한다고 역설할 지도 모르겠다. 물론 무예도보통지는 우리 민족의 전통무예의 보고(寶庫)이며, 동양3국의 정핵적인 무술의 기법이 망라된 종합무예서이다. 그러므로 《무예도보통지》가 가지고 있는 역사적 가치와 학문적 가치를 폄훼하고자 하는 의도는 전혀 없다. 그러나 과연 그 안에 담겨진 무예가 과연 우리의 몸짓과 신체문화를 녹여낸 것이라 할 수 있을지는 의문이다.

예로부터 우리민족은 활, 중국은 창과곤봉, 일본의 도검이 대표적인 무기체계였으며 가장 세련화 되어 있고 문화적 소재로서 가치를 인정받고 있다.

그렇다면 우리의 무예체계 중에서 단병무기거리와 중간거리를 아우르는 무기체계는 없었단 말인가. 몇몇 전통무예 중에는 부채술과 단봉술을 이에 대한 대안으로 제시 하고 있다. 대표적으로 파람무예의 휘추리같은 무기는 나름대로 전통성과 합리적인 기법이 체계화 되어 있으나, 그것은 현재 전통화가 진행되고 있는 과정이기 때문에 앞으로의 의미가 더 기대 될 뿐이다.

필자는 이러한 고민을 밖에서 찾았다. 우리의 전통무예 안에서 성숙되어 가는 기법과의 습합(習合)을 통해 진화된 기법을 재창출 할 수 없는 것일까.? 또한 단순한 기법의 모방이 아닌 기법진화의 소재로서 의미 있는 무예는 과연 무엇일까라는 고민을 끊임없이 해 왔다.

지난 2001년에 필자가 충주무술축제의 학술학회에서 〈세계의 전통무술〉이라는 논제로 발표를 할 기회가 있었다. 그래서 전 세계의 무술체계를 맨손, 무기, 명상계로 나누고 이를 다시 대륙별로 나누어 발표문을 준비하였다. 아시아 대륙은 크게 동북아지역과 중앙아시아. 그리고 인도와 동남아시아를 중심으로 조사를 진행 하게 되었다. 이때 처음으로 인도의 카라리파얏(Kalary Payyat)과 필리핀의 칼리아르니스(전통계열, 현 PEKAF)를 학문적 차원에서 살펴보게 되었다. 또한 당시에 필리핀에서 참가한 전통계열의 아르니스 선수들과 교류를 할 기회가 있었다.

이때부터 칼리아리니스에 많은 관심을 가지게 되었고, 기회가 되면 더 깊은 교류와 연구를 하고 싶었다. 이후 2005년도에 원빈주연의 영화 〈아저씨〉가 빅히트를 하면서 원빈이 사용하는 무술에 대해 관심이 높아 졌고, 일반 대중들이 필리핀의 전통무예인 칼리아르니스라는 것을 알게 되었다.

이 시기에 필자가 봉직하고 있는 대학의 재단과 필리핀의 리잘(RIZAL)시에 위치한 IPLC(International Peace Leadership College)의 베네스 총장의 부탁으로 학생들을 지도할 기회가 생겼다. 이 학생들은 교내에서 필수적으로 한국의 통일무도를 수련해야 했고, 선택과목으로 필리핀의 칼리아르니스를 수련해야 했다. 그들 중 대표적인 지도자들이 마스터 고도에게 아르니스를 수련하고 있었고 필자 역시 자연스럽게 짧은 기간이나마 칼리아르니스를 접하게 되었다.

이후 2009년부터 마스터 고도와 상호간에 무예교류가 있었고, 당시 마스터 고도는 사우디아라비아를 비롯한 중동국가와 이집트를 중심으로 하는 북아프리카 국가에서 아르니스를 지도하고 귀국한지 얼마 되지 않은 시기였다. 마스터 고도와 나는 대학에서 학생들을 지도한다는 점에서 처음부터 깊은 동질감을 가지고 있었다. 그리고 그의 모던 아르니스에 대한 열정과 전통 무술과 신체문화에 대한 오픈 마인드에 큰 공감을 하게 되었다.

이후 2017년 11월 리잘과 마닐라에서 만나 함께 수련하면서 태기아자흔에 대한 창시배경과 내가 가지고 있는 고민을 상의하였다. 이에 대한 해결은 보다 깊은 교류와 기법개발을 통해 상호 발전을 도모하자는 의견에 서로 의기투합하게 되었고, 2018년부터 연구년으로 필리핀에 장기간 거주하면서 이를 실행할 수 있었다. 이러한 인연의 영속선상에서 이 책이 발간되게 되었다는 점을 밝힌다.

현재 아르니스는 필리핀뿐만 아니라 전 세계적으로 분화되어 있고, 이를 베이스기법으로 해서 새로운 무술체계가 만들어지고 있다. 한국에도 몇몇 아르니스 지도자들이 일선에서 헌신적으로 지도하고 있다. 이 책자를 통해서 모던 아르니스의 가치와 재미를 공감하고 더 많은 사람들이 아르니스를 수련했으면 하는 기대를 가져본다.

필자는 이 책의 출판에 이어서 곧 보다 종합적이고 다양한 아르니스 기법과 함께 새롭게 정립된 태기 아사흔 기법을 소개할 것을 약속드린다. 이 책은 앞에서 설명 했듯이 아르니스의 가장 기초적이고 기본기법만을 소개한 것이고, 이 기법을 베이스로 보다 다양한 응용기술과 높은 수준의 무기술이 망라된 개정판을 곧 출판할 계획이다. 또한 국내의 다른 아르니스 지도자들이 졸저를 통해 다양한 아르니스의 기법을 소개하는 용기를 가지길 기대한다.

끝으로 이 책을 출판할 수 있도록 도와주신 도서출판 진영사 출판부의 선생님들에게 머리 숙여 깊은 감사를 드린다.

선문대학교 연구실에서

2019년 12 월

ACKNOWLEDGEMENT

GODOFREDO FAJRADO
FOUNDER PRESIDENT
FFAI-SANSIBAR

먼저 나의 아르니스 은사인 그랜드 마스터 레미 프레사스(Remy Presas,1937-2001)에게 존경과 감사를 드린다. 생전에 레미는 나에게 아르니스 뿐만 아니라 인생의 스승으로서 많은 용기와 격려를 해 주었다.

나는 레미의 격려와 도움으로 평생을 지금까지 아르니스 수련과 지도를 하는데 모든 것을 바치고 있다.

아르니스는 많은 무술지도자들이 인정하듯이 매우 실용적이고 세련된 무술이다. 그러나 국내외의 현실은 사분오열로 인하여 오랜 세월 동안 정체에서 벗어나지를 못하고 있다. 이러한 안타까운 현실은 본인이 중동아시아에서 지도를 하면서 절실히 체감하였고 이를 타개하기 위해서 많은 고민을 하였다.

이러한 때에 한국의 최 종균 교수와의 귀중한 만남에서 한 줄기 희망을 보았다. 최 종균 교수는 한국의 대학에서 무도를 직접 지도하고 있는 현직 교수로서 또한 무예전문가로서 왕성한 연구 활동을 하고 있다. 더욱이 그와의 대화 속에서 그가 가지고 있는 무예에 대한 열정과 연구태도는 나에게 깊은 동지애를 느끼는 계기가 되었다.

오랜 기간 최 종균 교수와의 무예교류를 통해서 아르니스의 진가를 진심으로 인정하고 서로의 무예교류를 통해서 기법을 고민하는 즐거움이 있었다. 이러한 즐거움을 이 서책에 담아 많은 이들과 함께 하고 싶다.

비록 이 서책이 모던아르니스의 가장 기초적인 기법과 내용을 담고 있지만 필리핀의 신체문화인 아르니스를 이해하는 길라잡이가 되었으면 하는 마음이다. 다음에 출간 예정인 개정판 에서는 보다 세련된 차원 높은 모던 아르니스의 기법을 소개할 것을 약속한다.

다시 한 번 최종균 교수와의 무예교류와 의미를 되새기면서 출간을 축하한다. 또한 Robinson Laxa,U.S.T(University of Santo Tomas)교수, 그리고 EARIST대학의 Marino.T.Quinjon교수, Danneil Dineros 교수, Braullo S. Basco 교수, ARELLANO 대학의 Ryan V Rico교수, IPLC대학 총장인 Venus G Agustin박사, 동 대학의 무도파트리더인 Bernard G Villagante 마스터에게 감사의 인사를 드린다.

또한 존경하는 스승인 그랜드 마스터 Willy Annang과 Mahalia Estoesta 그리고 Roland Dantes 에게도 지면을 빌려 진심으로 감사를 드리며 이 책자에 소개 된 모든 기법과 정보는 그들에 의해 세련되게 다듬어 졌음을 고백한다. 그리고 필리핀 의회의 Olando S Mercado, 그리고 Juan Migula F Zubiri 필리핀 에스크리마 칼리 아르니스 연맹(PEKAF)회장과 같은 사람들이 있어서 이 무술이 필리핀의 전 지역과 교육현장에 보급되었고 조직화되었음을 밝힌다.

2019년 12월
EARIST대학 캠퍼스 연구실

ACKNOWLEDGEMENT

I wish to express my gratitude to my respected Arnis Professor GM. Remy A. Presas, who serves as an invaluable source of information and encouragement in the preparation of this book.

I am also gratful to professors, Professor Jong Kyun Choi, Professor Robinzon Laxa, U S T, and Professor Marino T. Quinajon, EARIST Sports Director, Dr. Ryan V. Rico, Arellano University Dean, Dr. Venas G. Agustin IPLC President and President, WTMF Asia, Professor and Master Bernard G. Villagante, IPLC Sports Director, Professor Danneil Dineros, Professor Braullo S. Basco for their encouragement and support.

My sincere thanks also go to GM. Willy Annang / Mrs Mahalia Estoesta and GM. Roland Dantes for the valuable information which contributed to the successful completion of this work (book)

This acknowledgement will not be complete without a statement said on the assistance provided by an enlightened member at the Senate Senator Orlando S.Mercado and Senator Juan Miguel F. Zubiri Philoippine Eskrima Kali Arnis Federation (PEKAF) Chairman and President and Administering officer It was really his interest in the promotion Arnis, not only in the school system but in all sectors of our country, which provided the impetus to bring this work to completion.

태기(泰氣)무예

(International Tae -Ki A-Sa-Heun Federation)

전통무예의 맥을 잇고 미래 천년을 안배한 우리민족 몸짓에 최적화 된

토탈 마샬아트(Total Martial Arts)

창시위원장: 최 종 균

창시 위원: 박정진, 신상득, 김영섭, 임성묵, 송성용

Ⅰ. 태기(泰氣)무예의 탄생 배경

오늘날 우리민족은 지금까지 970여회나 되는 외침에 시달리며 민족적 정체성을 지켜왔다. 반만년의 역사를 살펴보게 되면 무(武)적 문화가 왕성했을 때는 민족문화가 융성하였고, 무적 문화가 왜소해졌을 때는 민족문화가 위축되고 사대주의에 허우적거렸다.

지금의 우리민족은 아직도 자생적 문화파워를 배양하지 못하고 주변문화의 모방이 문화적 진화라는 허울로 미화시키고 있다. 또한 폭력과 완력을 무력(武力)으로 잘못 인식하고 있으며 이에 대한 성찰하려는 의식조차도 없다. 근세조선은 이러한 문약화와 사대화가 내부적으로 정체(停滯)된 채 결국에는 일제에 의해 국권을 상실하는 치욕을 맛보았다. 이후 치열한 일제 항쟁기를 거치면서 독립을 열망하였으나, 스스로의 독립이 아니었기에 준비되지 않은 불완전한 독립을 얻게 되었고 종국에는 동족상잔의 비극을 초래 하게 되었다. 이후 우리전통에 대한 의식이 없는 상태에서 지속되었다. 이후 일본잔재가 남아 있는 상태에서 경제발전에 박차를 가하게 되었고 베트남 전쟁에 참전하게 되면서 회생의 발판을 마련하게 되었다. 이후 민족의 저력을 바탕으로 엄청난 발전을 이루게 되어 인류역사상 보기 드문 문명사적 기원을 이루었다.

그러나 눈부신 압축성장의 그늘에는 내적으로 축척된 문화력이 뒷받침 되지 못하는 결과를 초래 하였고, 민족과 국가의 무형동력인 무적 문화도 마찬가지였다. 무적문화가 성숙할 시간적 여유가 없었고 급조된 무적 문화의 사상과 철학으로 말미암아 외화내빈의 실질적인 발전이 이루어지지 못하였다. 그렇기 때문에 우리의 주류 무도는 일제 강점기에 유입된 검도와 유도, 그리고 태권도와 합기도였다. 검도와 유도는 일찌감치 학원무도로 침투하였고 스포츠화라는 움직임에 적극적으로 반응하면서 무도스포츠라는 형식으로 경기화가 이루어 졌다. 태권도는 강력한 정부의 후원체계로 인해 무도경기화에 성공하여 오늘날 한국을 대표하는 무도스포츠로 성장하였다.

반면 합기도는 외래 무도로서 도장문화를 중심으로 활성화 되었지만 맹목적인 일본의 모방으로 인하여 명칭문제와 같은 근본적인 문제를 극복하지 못하고 표류하고 있다. 한국 합기도 대중화(기술 전수 및 회원 확대, 유지)에 기여한 1세대 지도자들 공적은 위대했다. 그러나 일본 아이키도 (合氣道)의 무분별한 이름 도용, 제대로 수련하지 못한 기술적 한계로 인한 단체 분열 등 문제점을 드러낸 것도 사실이다.

최종균은 이러한 치명적인 약점을 극복하고자 한국형 합기도를 새롭게 '합기무예 아사흔'으로 명칭변경을 시도하였다. 그는 무예전문저널과의 인터뷰에서

여기서 새로운 '아사흔'명칭은 한국합기도가 추구하는 철학이 담겨져야 한다. 누구나가 이해하기 쉬우며, 이름에 그 무술이 추구하는 기법과 심법이 함축되어 있어야 한다. 예를 들어 일본 검도의 경우는 '검을 사용하여 도를 추구하는 무예'라는 것이 쉽게 이해되며, 유도의 경우에도 우선 '부드러움'이라는 이미지가 떠오른다. 중국무술의 경우에는 더욱 자연합일적이고 지역적인 특색을 표현하는 무술명이 대부분을 차지하고 있다. 그러므로 무술명은 가급적 알기 쉽고, 들어서 그 무술의 기술체계와 사상을 이해 할 수 있어야 한다. 특히 지역적이고 민족적인 내용이 함축되는 것이 가장 이상적이다. 합기도의 경우 관절기법과 당신기법, 도가 호흡법등 동북아시아를 중심으로 하는 민족적, 신체문화적 특색을 그대로 담고 있다. 이러한 특색은 중국의 영토적 팽창주의에 의한 동북공정(東北工程)과 탐원공정(探源工程)에 따른 대처방안으로도 깊이 숙고해야할 과제라는 점에서 의의가 크다. 이러한 주장의 연장선상에서 새로운 무도명칭은 한자표기를 배제하고 순 우리말로서 담아내야만 한다. 그것은 우리의 몸짓이기 때문에 당연히 그렇게 해야만 한다. 이에 민족적 의미를 담은 '아사흔'이라는 명칭을 과감하게 내 놓았다. 이러한 우리민족의 강인한 정신과 의미를 담은 홍익인간의 사상을 바탕으로 만들어진 명칭이다.

라고 강력한 우리민족의 뜻과 얼이 담긴 무술의 창제를 강조하였다. 이러한 민족적 정서를 담기위한 노력은 모든 문화의 '우리화'라는 정서적 공감대가 형성되었기 때문이다.

1980년대 접어들면서 '국풍운동(國風運動)'이라는 문화현상으로 우리 전통에 대한 재검토가 이루어지면서 택견, 씨름과 같은 민족 스포츠가 각광을 받았다. 그러나 이러한 문화현상의 이면에는 급조된 일본식 무도철학과 사상으로 인하여 진정한 우리 것을 제대로 복원, 계승하지 못하고 있다. 대표적인 것이 우리가 무의식적으로 사용하고 있는 무슨 무슨

도(道)라고 하는 무도종목이 과연 우리 전통 가치를 담은 신체문화 용어로서 적합한 것인가? 라는 고민이었다. 도(道) 문화는 누가 뭐래도 일본 전통 신체문화를 교의화(教義化)시키는 과정에서 파생된 용어다. 우리의 세계적인 무도 상품인 태권도의 경우에도 아무런 비판 없이 일본의 도 문화를 받아 들여 무도사상의 토대를 만들어 냈고, 지나친 경기화의 후유증과 종주국으로서의 위상 격하와 같은 문화공동화(文化空同化)를 치르고 있다.

한편 오랜 역사적 전통이 있음에도 불구하고 우리가 가지고 있는 무기술의 한계에 대한 것이었다. 과연 우리가 전통적으로 내세울만한 무기술과 수련체계는 원거리 타격 무기였던 활 문화 이외에 과연 있었는가 하는 점이다.

불행하게도 우리민족은 찬란한 무적 문화인 궁술과 기마계열의 전투적인 몸짓이 있었음에도 불구하고 이를 계승 발전시키지 못하였다. 반드시 갑주(甲胄)무예의 대세에 대한 고민이 있어야 한다. 이러한 고민을 해결하기 위한 많은 전통무예관계자들이 뜻을 함께 하는 노력을 하게 되었다. 그 중에서도 토탈무예로서 자리매김하기 위해서 각 분야의 최고의 전문가집단을 선정하여 끊임없이 설득과 공감대를 형성하는 과정에서 마침내 2019년 태기창제의 주창자인 최종균을 중심으로 뭉치기 시작하였다.

우선 태기의 창제자인 최종균은 대학교수이다. 합기도 8단을 베이스로 태권도와유도, 그리고 칼리아르니스의 전문가이기도 하다. 학부과정을 용인대학교에서 동양무예를 전공하고, 일본에 유학하여 일본체육대학의 석사과정에서 일본무도의 역사와 사상적 특성에 대하여 연구를 한 후, 1996년 중국 북경체육대학에서 고급 연구원으로 중국의 무술특성과 문화사에 대하여 연구하였다. 이후 용인대학교에서 박사과정을 마치면서 일본무도와 중국무술에 대하여 이론적으로 연구하였다. 선문대학교 무도학과에서 후학을 양성하는 과정에서 위에서 언급한 우리무예의 고민에 대하여 많은 연구를 하였고, 끊임없는 연구 활동과 무예지도를 병행하면서 각 분야의 최고 전문가를 찾아 나섰다. 오랫동안 대학교수로서 봉직하면서 마침내 전통과 현대의 감각을 아우르는 새로운 종합형 무예를 창제하기 위한 전문가를 엄선하여 창제의 기치를 올렸다.

Ⅱ. 태기(泰氣)무예의 명칭 의미 및 사상

태기(泰氣) 명칭의 의미는 큰 기운으로서 태기질, 태질과 같은 의미로'세게 메어치거나 내던지는 것'을 의미하며, 태껸에서 태질은 상대 중심을 흩뜨리면서 바닥에 메다꽂음과 동시에 맨손으로 가격함으로써, 가격 충격과 지면 충격의 이중 효과를 얻는 맨손 응용기법(잡고 태질, 놓고 태질)이다.

또한 태기는 태권과 합기를 아우르는 합성어로 한국전통무예의 독창성과 우수성을 상징하며, 우리말로 큰 기운, '한풀' '한기'와도 같은 의미이며, 태극(太極)의 기운을 뜻하기도 한다.

그리고 '아사흔'의 뜻은 우리 옛말 사전에 "아ㅿㅏ"의 의미를 우리겨레·민족을 의미하는 순우리말이라고 명시하고 있다. 또한 기존의 한국 합기도의 특색인 아훈의 손 모양을 표현한 아훈의 의미, 그리고 우리민족 고유의 '처음', '밝음'과 같은 의미의 '아', 그리고 비록 보이지는 않지만 분명히 존재하였고 영속성을 가지고 전해져온 선조들의 숨결과 몸짓의 흔적을 원형 그대로 간직하고 이를 계승 발전시켜 나간다는 의미의 '흔'을 붙인다. 또한 동양신체관의 정수(精髓)로 인정되고 있으며, 동양무술의 심오함과 깊이를 발현하는 우리 고유의 호흡법인 "아흠(阿吟)"호흡의 의미를 고유명사에 담아내야 한다. 또한 영문표기인 All Hunankind Will benefit as the individual develops a Sound mind and Sound through A-Heun meditation and breathing(A · S · S · A-Heun)의 주요 문자를 합성하여 표기하고, 발음 표기를 강조한 아자흔(A-ZA-HEUN)으로 명칭변경을 하고자 한다. 이러한 한국화된 합기도 기술체계에 더하여 전통적인 호흡법과 무기술을 더하여 새로운 "한국형무예 태기 아자흔(TAE KI A-ZA-HEUN)"을 세상 밖에 내고자 한다.

태기의 기법은 70년의 전통성을 가지고 만들어진 세련된 한국형 합기도의 관절기법과 호신기법을 적용시키고, 여기에 합기도의 1세대의 기법인 한풀김정윤 선생의 기법을 정통으로 수련한 파람무술의 신상득, 한국형 합기술의 정립자인 지한재선생의 기법을 계승한 송성용, 민족의 무경인 무예도 보통지의 본국검법과 조선세법을 복원한 임성묵, 그리고 내·외 36반을 정통으로 수련하였고 무예도 보통지의 마상무예를 복원한 김영섭을 중심으로 전통적인 기법체계를 적용한 수련체계를 창출했다. 또한 외화내빈의 전통무예의 철학적 빈곤을 극복하기 위하여 무예철학의 정립자인 박정진 박사를 창제위원으로 촉탁하였다.

〈표 1〉 태기무예 창시 위원

위원 명	무술분야 및 특성	명상계 기법	대표 저서
최종균	관절기, 급소 및 경락조법, 중봉기법	도인양생공	한국 합기무예 아자흔
신상득	파람무술: 손파람,대파람	기파람	랑의환국
임성묵	전통본국검예, 무예도 보통지	내가장권	본국검예
김영섭	마상무예, 지상무예	도가명상 수행파	도가명상 수행파
송성용	한국형 합기술	합기형 단전호흡	합기도 교본
박정진	태기무예사상론	존재적 신체론	무맥 외

송성용 창시 위원

파람무예 신상득 창시위원

박정진 창시 위원

Ⅲ. 무경(武經)《무예도보통지》와 태기 무예

우리나라의 대표적인 종합무예서인 《무예도보통지》는 1790년 조선의 호걸군주인 정조에 의해서 간행 되었으며, 조선시대의 무예에 대한 개념을 알 수 있다. 《무예도보통지》는 《무예제보》, 《무예제보번역속집》, 《무예신보》등의 개정과 계승을 거쳐서 간행되었다. 또한 《무예도보통지》의 무예는 명조시대에 간행된 척계광의 《기효신서,1562》와 모원의(茅元儀)의 《무비지(武備志),1621》의 무예를 표준으로 간행되었다.

《무예도보통지》는 당시의 한·중·일의 무예를 망라한 종합무예서적으로 동양삼국의 무술의 정수를 담아낸 매우 귀중한 유산이다. 그 내용은 조선세법을 비롯한 본국검, 권법, 그리고 마상재를 비롯한 모구(毛毬), 마상기창, 기사 등과 같은 마상무예가 수록되어 있다. 정조대왕의 신체지(身體知)는 역대 조선 왕들 중에서 가장 뛰어난 군주였으며, 항상 부국강병을 통해 민족의 융성을 도모하였던 군주였다. 《무예도보통지》는 이러한 정조의 웅지가 담겨진 동양삼국의 무적 문화의 정핵을 담은 결정판이었다. 우리민족은 무적 문화가 융성한 시기는 찬란한 문화와 태평성대를 누렸으나, 무적 문화가 핍박받고 문약화된 시기에는 주변 민족으로부터 침입과 박해가 이어졌고 심지어는 국권을 찬탈당하는 지경에 이르렀다. 무적 문화가 천시되고 문약화가 이루어진 대표적인 시기는 조선왕조(1392-1910)였다. 조선왕조는 건국초기의 왕성했던 무적 기질을 버리고 한반도에 정주하는 정체성적(停滯性的)역사관과 중국왕조인 명(明)왕조와 청(淸)왕조에 사대하는 사대주의적(事大主義的)역사관을 가지고 소중화(小中華)라는 왜곡된 인식으로 왕조를 이어온 허약한 시기라고 할 수 있다. 결국 건국 200년 뒤에 임진왜란과 병자호란이라는 미증유의 전란을 겪게 되었고, 백성들은 도탄에 빠져 민족적 정기가 흐려졌다. 천신만고 끝에 왕조를 이어가기는 했지만 징비(懲毖)에 대한 성찰이 이루어지지 못하고 또다시 분열적 분당정치와 문약화가 이어졌다. 그러나 잠시 민족적 정기가 꿈틀거렸던 시기가 바로 정조대왕 시기였다.

정조대왕은 왕권을 강화하는 차원에서 여러 가지 정책을 실행했고 대표적인 것이 친위군사조직인 장용영(壯勇營)을 설치하였고, 선친의 업적인 무예서적을 집대성하여 무적 문화를 부흥시키려는 노력을 하였다. 두 번의 전란으로 피폐할 대로 피폐되었던 조선왕조가 잠시나마 민족의 정기를 뒤 찾은 융성시기였다. 이렇듯《무예도보통지》의 편찬은 단순한 무예서적의 간행이 아니라 당시 민족의 무적 문화의 융성을 도모하려는 노력과 동시에 문약했던 조선의 백성들에게 새로운 기운을 북돋으려는 거국적인 의미를 담아낸 민족의 무경이라고 할 수 있다.

그러나 이러한 정조대왕의 노력이 불분명한 대왕의 죽음으로 물거품이 되었다. 정조대왕의 죽음에 대하여 여러 가지 추측이 있지만, 기득권인 노론의 독살이라는 설이 유력한 주장으로 받아들여지고 있다. 모처럼의 조선왕조의 융성기회를 문치(文癡)들의 강력한 저항으로 결국은 실패로 끝났다. 너무도 통탄스럽고 안타까운 우리민족의 슬픔이었다.

이후 조선왕조는 세도정치가 극에 달하게 되었고, 결국 일제에 강제 합병되는 민족적 치욕을 겪게 되었다.

이러한 역사적 흥망성쇠에 따른 무적문화의 변화추이를 주목하면 너무도 분명하게 우리에게 교훈으로 다가온다.

과연 오늘날의 우리 모습은 과연 어떠한가? 주변강대국에 의해 남북으로 갈라져서 동족상잔의 아픔을 겪었고 민족의 동력을 상실한 채로 아직도 민족적 정기를 찾지 못하고 있다.

우리는 이러한 엄중한 시기에 정조대왕의 민족정기와 융성기회를 다시 되살려야 할 것이다. 《무예도보통지》를 통한 무적문화의 융성을 도모한 것과 같이 우리도 민족융성의 재도약을 준비하여야 할 엄중한 시기이다.

그러므로 태기는《무예도보통지》의 창간 배경을 깊숙이 아로새기면서 오늘날의 무예체계를 새롭게 종합하여 새로운 천년을 준비하는 인류의 신체문화의보고와도 같은 역할을 하여야 한다.

태기의 창제위원인 임성묵 본국무예 창제위원은《무예도보통지》의 조선세법과 본국검을 가장 완벽하게 복원하여 스스로 자기화에 이르는 업적을 이루었다. 임성묵의 독특한《무예도보통지》에 대한 내용해석은 이론적 측면과 실기측면에서 기존의 해석을 뒤엎을 정도로 커다란 연구업적을 이루었다.

본국검예 임성묵 창시위원 검법 지도

본국검예 교본

또한 태기의 창제위원인 김영섭 세계기사연맹 회장은《무예도보통지》에서 마상무예를 개인적으로 복원하여 세계화에 성공하였다. 우리 민족 고유의 방식으로 전 세계의 기사(騎射)문화를 주도하는 선구자적인 인물이 되었고, 전 세계인인 우리 민족 고유방식의 기사와 모구, 그리고 격구를 익히고 있다.

모두가 오래된 고루한 문화로서 천시하고 무시했을 때 우리의 전통적인 신체문화의 중요성에 눈을 떠서 이를 피눈물나는 원형 복원의 과정을 거쳐 세계기사문화를 선도하고 있다.

태기무예는 이러한 전통적인 신체문화를 익히고 이를 현대화 시키는 노력을 하고 전통 신체문화를 무형동력으로 재창출하는 노력을 끊임없이 하고 있다.

한국 마상무예협회 김영섭 창시위원

전통 모구복원

세계 기사 연맹

한국전통무예 태기 시기 도래! 이제 2세대 지도자들이 나서야 할 때다. 한마음으로 과감히 전통무예의 허물을 버리고, '한국전통무예 태기(太氣)'라는 옷을 입어야 한다. 원류기술을 바탕으로 하여 우리 몸짓으로 진화한 새로운 기예를 탑재해 1천 년 미래를 열어야 한다.

Ⅳ. 한국합기도의 태기무예로의 무명(武名)변천에 관한 소고(小考)

1. 영명록(英名錄)과 사례록(謝禮錄)분석을 통한 대동류합기유술(大東流合氣柔術)의 한국유입과정[1)]

역사적 사실을 탐구하는데 있어서 서지학(書誌學,bibliography, bibliology)적 분석과 문헌연구의 패치워크(patch work) 접근방법은 연구의 신뢰도와 타당성, 그리고 설득력을 확보하는데 매우 중요하다. 특히 역사연구에서 1차 사료의 중요성은 연구의 신뢰성과 타당성을 확보하는데 가장 중요한 연구 척도라 할 수 있다. 그러므로 무예사 연구의 인문학적 차원의 연구에 1차 사료의 존재는 명징성(明徵性)확보차원에서 매우 중요시하게 다루어야 한다.

무예사 연구 분야에서 해당무예의 발생과 기원을 밝히는데 중요한 것은 창시자의 성장배경과 주변부의 수련 과정이다. 이러한 요인분석적 틀은 무예의 특성과 기법의 창발성(創發性)을 강구하는데 중요한 단서를 제공한다. 특히 창시자의 수련배경을 둘러싼 시공간적 배경특성은 창시자의 무력(武歷)을 형성하는데 있어서 빼놓을 수 없는 중요한 요인이다. 일반적으로 무도의 경우 명시지적 차원의 지식체계와는 다른 암묵지적 차원의 지식체계이며, 신체기호라는 독특한 지식체계 안에서 검토된다. 이러한 신체문화적적 지식체계는 오랜 역사적 과정을 거치면서 점차 정련화(精鍊化)되었고, 이른바 토포필리아(Topophilia)적 특성을 갖추면서 체계화 되었다.

특히 무예는 시대적 배경을 이루는 심층문화의 기저를 이루는 종교와 학문적 배경을 중심으로 점차 명시적 차원의 지식체계인 성문화 과정을 자연스럽게 진입하게 되었다. 일본무도는 이러한 경향이 매우 농후하게 묻어나면서 진화되어 왔다.

일본무도의 경우 도쿠가와 막부가 성립된 이후 주자학의 수용과정을 통해 치도(治道)의 어용학문으로 자리 잡으면서 기존의 무도적 기법과 심법을 주자학의 관점으로 기록하고 해석하였으며, 인문학적 소양의 소재로 적극적으로 활용하였다(二木謙一·入江康平·加藤寬,2003:114-116).

본격적으로 에도 막부에 접어들면서 유술유파와 검술유파를 중심으로 각 유파의 전서를 간행하였고 유파의 정통성을 강조하기 위하여 사제동행과 같은 종적·횡적 질서를 명확하게 기록하였다. 이러한 일본무도의 질서인식은 일자상전(一子相傳)과 가원(家元,이에모

1) 이 내용은 대한무도학회지(2020)에 게재된 영명록(英名錄)과 사례록(謝禮錄)분석을 통한 대동류합기유술(大東流合氣柔術)의 한국유입과정에 관한 연구논문을 중심으로 구성하였음.

토)제도를 중심으로 철저하게 전승되었고, 유파의 기법을 가장 중요한 대외비밀로 다루었으며 이를 어길 시에는 파문(破門)이라는 치명적인 처분을 내리기도 하였다. 이 과정에서 기법과 심법을 기록한 전서와는 별개로 수련과정과 자격부여의 근거를 중심으로 기록하는 영명록(英名錄)과 사례록(謝禮錄)을 두어 수련인의 수련과정을 명확하게 기록하였으며, 이를 근거로 스승과의 친밀성과 수련정도를 파악할 수 있도록 하였다. 영명(英名)이라는 용어의 사전적 의미는 '기능과 기예에 뛰어난 사람을 일컬음'이다(岩波 國語辭典,102).

그러므로 영명록에 기록된다는 것은 수련인 에게는 깊은 의미이며, 자신의 신상에 대하여 가능하면 명확하게 기록해야 한다는 인식이 강하였다. 그러므로 영명록과 사례록을 통해 수련인의 모든 신상파악이 가능하며 이를 통해 입문동기, 동문수행자는 물론 경제적 상황, 심지어는 정확한 연령과 직업 등을 파악할 수 있는 귀중한 기록이라 할 수 있다.

일본 유술 유파 중 가장 근대 시기에 성립되었다는 대동류 유술 유파[2]도 이러한 전서와 영명록을 엄중하게 기록하였다.

대동류 유술유파는 아이즈번(會津藩,현 후쿠시마 현)을 중심으로 성립된 유파로서 다케다 소오가쿠(武田惣角,1860-1943,이하 다케다)가 창시한 것으로 알려져 있다. 다케다는 대동류유술을 창시하면서 오랜 기간 동안 무사수행을 통해 많은 제자를 배출하였고, 그 제자들이 일본전역과 해외로 진출하여 활동하면서 일본무술을 대표하는 유파로 성장하였다. 특히 일본 아이키도(合氣道,AIKIDO)의 개조인 우에시바 모리헤이(植芝盛平, 1883-1969)를 비롯한 저명한 무술가들에게 커다란 영향을 끼쳤다 (http://www.daito-ryu.org).

그리고 지금까지 알려진 바로는 한국의 최용술(崔龍術,1904-1986)이 다케다의 직제자로서 수련하였으며, 해방 이후 한국으로 귀국하여 제자를 배출하였고, 이를 중심으로 현재의 합기도(合氣道,HAPKIDO)가 만들어 졌다고 알려져 있다. 그러나 안타깝게도 한국 합기도측의 이러한 주장, 즉 최용술과 다케다의 내제자(內弟子)와 양자(養子)라는 친연성에 대하여 많은 의문이 제기 되어 왔고, 명확하지 못한 수련 행적으로 일본 대동류측에서는 냉소적이고 부정적인 입장이다. 특히 합기도가 한국을 중심으로 체계화된 전통무예이며, 일본과는 다른 합기형(合氣形) 무술의 종주국이라는 주장에는 일고의 가치도 없는 허

---

2) 대동류에서는 유술(柔術)과 합기술(合氣術)을 엄격하게 구별하고 있다. 유술의 경우에는 일반적인 교습형태로 전통적인 고구소쿠(小具足)와 고시노마와리(腰の廻り),아테미(當身)그리고 도리테(取手)와 같은 단무기(短武器)나 도수(徒手)형태의 기법을 주로 체계화 시켰으며, 합기술의 경우에는 슈겐도(修驗道)와 음양도(陰陽道), 그리고 신도(神道)계열의 호흡법과 수행법을 중심으로 체계화 시킨 것으로 일자상전의 계승을 원칙으로 전승되었다. 특히 대동류 계열은 아이즈번(會津藩)의 가로(家老)이자 신직(神職)을 담당했던 사이고 타노모(西鄉賴母)의 수행법을 계승하는 유파로서 신도의 맥을 잇는 것으로 알려져 있다.

황된 주장이라는 반응이다.

이와 같은 한·일간의 서로 다른 해석은 명확한 실증적 자료가 동원되지 않은 상태에서 빚어진 아전인수식의 연구결과가 원인이며, 이러한 왜곡된 주장이 70년간 계속되어 왔기 때문에 근거 없는 '오류확증'으로 고착화되었다. 지금까지 선행된 국내연구로는 박순진·김의영(1999)의 〈합기도성립과 관련된 유술 및 사상에 관한 연구〉,김이수·김종필(2001)의 〈덕암(德巖)최용술에 관한 초고〉,김이수(2008) 〈최용술의 일본 수련기에 대한 재고〉, 김종필, 최종균, 송일훈(2010)의〈한국합기도의 단체통합을 위한 정체성에 관한 소고〉, 황종대·주동진·김동규(2012)의 〈한국합기도의 태동과 발전사: 대동류합기유술(大東流合氣柔術)을 중심으로〉,김정환·김주연(2014)의 〈대동류 유술의 한국유입과 대한기도회 설립 및 분열과정〉 등이 있다. 일본의 경우에는 최용술과 대동류유술과의 관련성에 대한 연구는 전혀 이루어지지 않고 있으며, 무도관련 잡지의 개인적인 취재 차원의 연구 정도에 그치고 있다.

이러한 연구는 1차 사료의 검증을 거치지 않고 투박한 2,3차 문헌자료를 통한 연구였다는 한계를 극복하지 못하였다. 특히 무예사 연구에서 가장 경계해야 할 맹목적인 애국주의적 우월성을 걷어내지 못하고 주관적 입장에서 연구가 이루어지면 치명적인 오류를 범하게 되고, 사실왜곡으로 객관적 연구가 요원하다는 점에서 주의가 요구된다.

따라서 본 연구의 목적은 1차사료 분석과 문헌분석 방법, 현지 탐방과 인터뷰를 바탕으로 대동류유술의 한국유입과정에 대하여 명확한 근거를 제시하여 한국 합기도 발전사의 체계적인 정립을 위한 자료를 제공고자 한다.

1) 영명록(英名錄)·사예록(謝禮錄)과 대동류유술유파

(1) 일본의 유파형성과정과 무예전서 및 대동류의 영명록과 사예록(謝禮錄)

일본무도가 본격적으로 전서의 형태로 기법과 심법을 기록하기 시작한 것은 전국시대(戰國時代)와 아츠지모모야마(安士挑山)시대부터이다. 이후 도쿠가와 막부가 에도에 설치되면서 실전성 무술기법으로부터 호신성 무술로의 전환이 이루어지면서 보다 체계적인 저술활동이 전개 되었다. 특히 이 시기는 살인도(殺人刀)에서 활인검(活人劍)으로 변화되는 획기적인 전환기를 맞게 되었고, 주자학의 유입으로 인해 유학적 색채가 가미된 표현이 본격적으로 나타나기 시작하였다(湯淺 晃,2001:5).

대표적인 무예전서로는 타구안(澤菴)의 《부동지심묘록(不動智心妙錄)》,도쿠가와 가문의 무술지남을 담당했던 야규우 무네노리(柳生宗矩)의 《병법가전서(兵法家傳書)》, 검성으로 일컬어진 미야모토무사시(宮本武藏)의 《오륜서(五輪書)》 등을 들 수 있다. 이들의 저서는 죽음을 초월하는 무사의 심법과 기법 등을 자신들의 전장체험을 바탕으로 저술 하였다(田中守 외,2006:115-119,).

이후 에도 중기에 접어들면서 각 번을 중심으로 전통적으로 전해지는 무술을 중심으로 유파가 성립되기 시작하였고, 각 유파의 기법과 심법을 기록하는 무예전서가 저술되기 시작하였다. 이러한 무예전서의 발간 배경에는 주자학을 수용하는 과정에서 유학적 관점에서 무예를 이해하려는 움직임과 한코오(,藩校)와 같은 교육기관이 설립되었던 것이 계기가 되었다(二木謙一·入江康平·加藤 寬,2003:114-116)[3].

이시기에 성립된 각 유파는 검술이 743개 유파 , 유술이 179개 유파, 궁술이 51개유파, 창술이 147개유파가 있었다(今村嘉雄,1982:10-30,,錦谷 雪 · 山田忠史,1978:4-9).

이와 같이 각 번을 중심으로 무예전서가 활발하게 간행 되었고, 유파가 성립되면서 자연스럽게 전승체계도 일자상전으로부터 다수를 대상으로 교습하는 방식으로 변화가 있었다. 각 유파에서는 무예특유의 종적 질서를 공고이하기 위하여 입문과정부터 계고(稽古)과정을 면밀하게 검증하기 시작하였다. 특히 교수대리(教授代理)나 면허개전(免許皆傳)과 같은 면허증서는 엄격하게 검증과정을 거쳐서 이루어졌다. 이때 수련자의 신상인 출신성분, 성장배경과 같은 기본적인 신상정보와 함께 입문일자, 기법의 교습정도, 교습료(教習料)등을 철저하게 기록하였다. 그 이유는 당시의 시대적 상황이 각 번을 중심으로 이해관계가 첨예하게 대립하고 있었기 때문에 살상을 목적으로 하는 기술체계는 그야말로 가장 엄중하게 다루어야 할 문외불출(門外不出)의 극비 사항이었다. 한편 사례록은 유파의 기술을 스승으로부터 언제, 어디서, 어떤 기법을 전수 받았고 그에 대한 사례비와 사례품을 체계적으로 정리한 것이다. 대동류의 사례록에 대하여 요코세 도키유키(横瀨知行,1990:246-247)의 대동류편에서 곤도 가즈유키(近藤勝之,1945-현, 일본대동류합기유술협회본부장)는

다케다는 일정한 교습 장소는 가지지 않았지만 일본 전역을 다니면서 일생동안 약 30.000명을 교수하였다. 그중에는 저명한 무술인들이 다수 포함되어 있었고, 일본아이키

3) 타구안(澤庵)과 야규우 무네노리(柳生宗矩)의 무예서는 선불교적 표현인 '부동지', '삼학(三學)', '윤회(輪廻)'등과 같은 용어가 많이 사용되었고, 주자학 수용 이후에는 유학자를 중심으로 무예전서가 저술되었으므로 유학적 표현이 주를 이루었다. 특히 '천도(天道)', '리(理)', '기(氣)', '충(忠)', '의(義)', '기·검·체(氣劍體)', '사리일체(事理一體)'등과 같은 표현과 용어가 주로 사용되었다. 대표적으로 기토류(起到流)의 《등가집(登假集)》,《본조무예소전(本朝武藝小傳)》, 시부카와渋川유파의《유술대의구의(柔術大意口義)》,검술의 경우에는 《검교(劍攷)》《검징(劍徵)》가 있다. 또한 도교의 영향으로 저술된 무예전서는 장자(莊子)의 달생편(達生編)과 같은 수행과 체득의 과정을 표현한 《묘의 묘술(猫の妙術)》등이 대표적이다.

도를 창시한 우에시바 모리헤이와 일본 대동류와 아이키도가 성립되는과정에서 커다란 영향을 미친 해군대장 다케시타 이사무(竹下勇)와 같은 저명인사와 주로 판검사, 경찰관, 타류 무술인들을 교수하였다. 다케다는 주로 10일을 기준으로 하여 교수 하는 것을 원칙으로 하였고 교습비로 10엔 정도를 받았다. 이밖에도 금액 외에도 찻잔, 의복, 기념품등을 받았으며 모든 물품을 빠짐없이 사례록에 기록하였다.라고 대동류의 영명록과 사례록에 대하여 설명하였다.

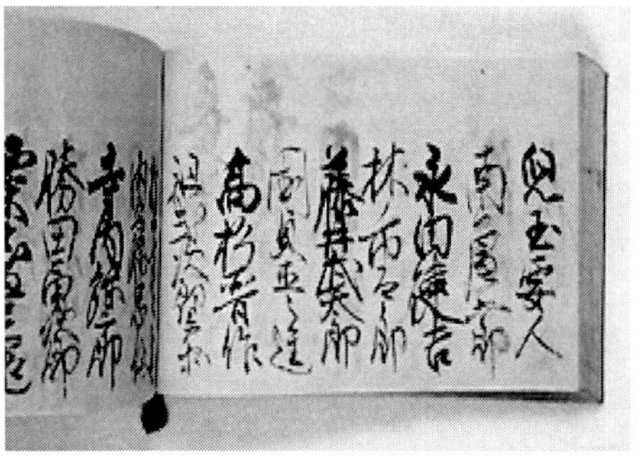

〈그림1〉 가사이 다쓰미(葛西辰三) 영명록
출처:https://bunka.nii.ac.jp/heritages

이와 같이 각 유파에서는 유파의 정체성과 계보를 명확하게 구별하기 위하여 영명록과 사례록을 매우 중요하게 기록하였다. 〈그림1〉은 에히메(愛媛)의 무사였던 가사이 다쓰미가 1854년부터 1861년에 걸쳐서 자신의 무도수행 중에 남긴 영명록의 일부이다. 이 기록에는 가사이의 수행 중에 방문했던 지역명, 도장명, 유파명, 스승명, 문인(門人)들의 이름이 기록되어 있으며, 특히 간토지방을 순회하면서 만났던 2.000명이상의 인물에 대한 기록이 남아 있다. 이와 같이 무술유파에 있어서 영명록은 자신들의 유파의 정체성과 무맥(武脈)을 파악하는 중요한 기록이다.

이러한 무예유파의 전통은 대동류의 경우에도 동일하게 적용되었고, 영명록과 사례록에 문하생들의 신상과 수련정도를 명확하게 기록하여 무맥의 질서를 정연하게 기록하였다.

(2) 대동류유술과 다케다 소오가쿠(武田惣角)

대동류유술의 유파명에 대한 기원은 크게 두 가지로 나누어 설명되고 있다. 첫 번째는 도미키겐지(富木謙治,1900-1979)가 주장한 신라삼랑 원의광(新羅三郎源義光)기원설이다. 이는 다케다 소오가쿠를 중심으로 하는 유파의 주장으로 칭와친황(清和天皇)의 계보로 거슬러 올라가며, 이후 관동의 미나모토 가문으로 전승되고 이후 토포필리아적 과정을 거쳐 다케다 가문으로 전해졌다는 주장이다. 여기서 미나모토가문은 일본최초로 가마쿠라에 막부정치를 열고 중세 일본의 대표적인 무사 가문이다.

특히 미나모토 요리토모(源賴朝,1147-1199)는 타이라(平氏)가문과의 치열한 대결구조에서 마침내 승리를 거두게 되어 일본의 중세시대를 열었다. 요리토모에게는 세명의 아들이 있었으며 셋째아들인 요시미츠(義光,1045-1127)는 신라대명신(新羅大明神)에게 원복과 무운을 기원했다. 이후 요시미츠는 가전무술에 자신이 궁구한 기법을 가미시켜 가전무술로서 완성하여 대대로 전승하도록 하였다. 이후 요시키요(義淸)대에 이르러 다케다(武田)지역에 정착하면서 지역명을 가문명으로 명명하게 되었다. 이후 다케다 쿠니츠쿠(武田國繼))대에 이르러 아이츠지역에 기반을 두게 되었고, 약26대손에 이른 후 다케다 소오가쿠 대에 이르게 되었다. 이때 요시미츠가 머물렀던 장소가 '대동의 관(大東の館)' 이라 하여 이에 따라 유파명을 대동류라 하였다는 주장이다. 그러나 이 주장은 정확한 근거가 없고 일본의 무가 집안은 대부분이 미나모토 가문을 자칭하면서 무사의 정통성을 인정받으려는 경우가 많이 있다.

두 번째, 대동류는 아이츠번에 대대로 전승되어오던 '오도메류(御留流)' 기술과 번교인 일신관의 태자류(太子流)를 중심으로 만들어 졌다는 주장이다(スタンレー·プラニン,2009:14-19)

특히 아이츠 번의 가로인 사이고타노모(西鄕賴母,1830-1903)는 계승되어온 태자류와 오도메류, 아이츠의 번교인 일신관의 교과무술을 중심으로 해서 새로운 종합무술체계를 창출하였고, 이를 당시의 '대동아권'을 의식한 이유에서 대동류라는 유파명칭을 창안하였다는 것이다. 이 주장은 대일본무덕회(大日本武德會)가 창립되어 조직이 정비되던 시기인 1898년경부터 '대동아 공영권(大東亞共榮圈)'이라는 인식이 생기는 과정에서 사이고타노모에 의해 유파명이 만들어졌다는 주장이다. 이 주장은 대동류의 명칭이 1899년부터 1920년경에 폭넓게 사용되었다는 점에서 설득력이 있다.

사이고는 이후 자신의 양자이자 강도관유도의 사천왕(四天王) 중 한명인 사이고 시로(西鄕四郞,1866-1922)에게 대동류 유파를 계승하도록 하였다. 사이고 시로는 불분명한 이유로 강도관(講道館)에서 나온 뒤 규슈지역을 중심으로 아시아주의적인 우익 정치성향을 보이며 '동양제국 일치정책론(東洋帝國一致政策論)'과 '대동합방론(大東合邦論)'과 같은 활동을 전개하였다.(進龍一,12-13).그러므로 대동류의 정식 후계자는 다케다가 아닌 사이고 시로라는 주장이며, 다케다 역시 본인은 '대동류합기유술총무장(大東流合氣柔術總務長)'이라는 정식명칭을 사용하였으며 대동류의 정식계승자라는 용어를 사용하지 않았다.

다케다가 정식으로 사용한 대동류합기유술이라는 무명(武名)은 1922년 이후 우에시바 모리헤이가 대동류 유술로부터 대동류합기유술로 명칭을 변경하였다는 주장이 일반적이다(合氣NEWS,1990.3.1.)

이와 같은 주장의 근거는 우에시바 모리헤이의 소개로 만난 오오모토교(大本教)의 데구치오니사부로(出口王仁三郎,1874-1948)와의 교류 이후부터이다. 데구치는 전통적인 일본종교지도자로서 신도와 음양도에 대한 이해가 높았으며 당시에는 과감하게 반전운동을 전개한 인물이다. 데구치는 다케다와 우에시바에게 깊은 영적(靈的)공감을 제공하였고 이들에게 단순한 체술을 넘어서는 정신도법의 일종인 '합기'의 개념을 설파한 것으로 사료된다. 그러므로 이때부터 '합기(合氣)'라는 개념이 본격적으로 사용되었다는 것이 설득력 있는 주장이다. 물론 그 이전에는 검술용어의 '상기(相氣)'라는 용어의 변용이라는 주장과 1899년 《무도비결합기지술(武道祕決合氣之術》을 저술한 다케호네쿄시(武骨居士,?-?)가 무술용어로서 합기라는 용어를 사용하였다. 이후 합기도라는 명칭은 1942년 대일본무덕회에서 처음으로 사용하였고, 이후 우에시바 모리헤이가 기존의 황무관(皇武館) 또는 아사히류유술(旭流柔術)이라는 명칭대신에 1948년부터 정식적으로 합기도라는 명칭을 사용하기 시작했다.

(3) 대동류유술과 조선인(朝鮮人)수련자

일본의 유술의 기원은 스모의 도리테(取手)와 데코이(手乞)에서 찾는다. 이는 일본 신체문화의 전통성을 강조하기 위함이고, 외부의 수용과정을 부정하고 일본 전래의 신체문화라는 순결성을 지키기 위해 점을 기 위해 있다. 그러나 에도 중기시대에 명나라에서 도래한 진원빈(陳元贇,1587-1671)의 영향을 주목한 주장도 있었다. 진원빈은 남파소림권의 수련자로서 교토를 중심으로 관서지역에서 제자를 길렀다는 기록이 있으며 이에 대한 연구도 많이 축척되어 있었다(小松原濤,1972:92-94).

조선 사람으로 근대적 의미의 일본유술을 처음으로 수련한 사람은 이정용(李鄭勇)이라는 인물이다. 이정용은 구한말(舊韓末)시기의 인물이며, 대한류텐신쥬쥬츠(大韓流天眞柔術)을 창시하였다는 기록이 남아 있다. 이정용의 생몰연대는 명확하게 확인되지 않고 있지만 텐신신요류(天神眞楊流) 계열의 신노신토류(眞之神道流)유술을 수련하고 귀국하였다. 이후 비밀전수 형식으로 제자를 길렀기 때문에 현재 국내에는 이를 수련하는 사람이 극히 드물다. 이 기록은 한국에서는 전혀 알려지지 않았으나 일본의 스이류(水流)유술 유파를 개창한 쿠니노히데오(國野英雄)에 의해 알려지게 되었다. 쿠니노는 한국에 와서 수련한 경험을 구체적으로 구술하고 이에 대한 기록을 남겼다 (https://suiryu-kunino.jimdofree.com).

대동류의 경우에는 일제강점기 시대에 접어들면서 많은 조선인들이 일본의 홋카이도(北海道)에 건너가서 수련했다는 기록이 남아 있다. 대동류에는 1868년 이후 영명록과 사례록에 수련 기록이 남아 있으므로 이 시기 이후부터는 대동류 유술의 수련계보를 명확하게 파악할 수 있다.

다케다의 제자 중에서 비전(祕傳)인 합기술 까지 수련하였고 교수대리와 면허개전을 모두 받은 것으로 알려진 인물은 저명한 합기도사범인 사가와 유키요시(佐川幸義,1902-1998)이다. 사가와는 다케다의 제자 중에서 가장 측근에서 수련하였으며, 다케다와 일본전역을 순회하면서 대동류를 보급한 인물이다. 이때 몇몇의 조선인들을 언급하면서 대동류를 지도하였다고 구술한 바 있다.

사가와는 1920년에 홋카이도에서 동경으로 진출하면서 시부야의 토오자와(豊澤) 부근에 있는 텐겐샤(天現寺)의 모리야마(森山)라는 사람의 집에서 하숙을 하게 되었다. 이때 '천하무쌍 대동류(天下無雙 大東流)'라는 종이를 록본기(六本木)역에 붙여 제자를 모집하였다. 그러자 전차 운전수였던 조선인 박상술(朴相述)이라는 몸집이 큰 사내가 들어와서 "힘앞에서는 기술이 필요 없다"라고 하면서 도전해 왔다. 그러자 사가와 선생이 집어 던지자 그는 깜짝 놀라면서 바로 입문하였다. 그리고 서동성(徐東星), 최원형(崔垣亨)이라는 동료를 같이 입문하게 되었다(木村達雄,17)

또한 홋카이도지역에서 다케다에게 대동류를 수련한 마츠다도사쿠(松田豊作: 이후 마츠다 도시미(松田敏美)로 개명)에게 대동류의 비전목록을 전수받은 장인목(張寅穆)이 있다.

장인목은 1915년 8월25일 경상북도 영천군 신영면 등사동에서 태어나 1928년 일본에 건너갔다. 이후 1935년 9월 대동류에 입문하여 1943년8월에 118개조의 모든 과정을 수료하여 비전목록을 받았다. 이 기록을 살펴보면

大東流柔術本部長武田惣角源正義教授代理
松田豊作
昭和十三年八月吉日(1938) 張寅穆 殿

라고 기록되어 있다.

이밖에도 아사히 가와(旭川)에서 조선의 울산출신인 정형옥(鄭亨玉48세)[4], 경상남도 동

4) 위 사람은 소화3년(1918)旭川市 二條通 7丁目의 아키다(秋田)다카오카(高岡)집에서 다케다 대선생에게 대동류유술을 3회와4회에 걸쳐서 교수를 받은바 있음. 소화3년(1928년) 11월25일 정형옥(鄭亨玉) 筆

래출신 양어수(梁漁壽,36),평안도출신인 김달민(金達珉,33세), 전라북도 전주출신 염득응(廉得應,32세)이 대동류를 수련한 것으로 기록되어 있다(福岡 惺,2001)

그러나 장인목을 비롯한 대부분의 대동류 수련자들은 귀국 후의 행적에는 별다른 수련기록이나 지도기록이 남아 있지 않아 한국의 대동류유술이나 합기도에는 큰 영향을 미치지 못했다.

다케다는 신분고하, 남녀, 지역을 불문하고 제자로 받아들였으나 외국인에게는 직접적으로 제자로 인정하지 않았다고 한다. 그러나 이에 대해 최용술(崔龍術,1903-1986:연구자는 최용술을 대동류 유술의 유입자로 용어정립을 시도함)은 다케다와의 사제 인연에 대해 전혀 다른 주장을 하였다. 이 주장에 대해 보다 명확하게 후술하겠지만 최용술은 다케다의 내제자로서 약30년 동안 수련하였으며, 대동류 유술을 한국으로 재유입하여 한국합기도를 창시한 도주로서 알려진 인물이다. 즉 대동류 유술이 한국에 뿌리를 내리는데 절대적인 역할을 하였고, 관절기를 비롯한 아테미(當身)기법을 접목시킨 선구적인 인물이다.

(4) 영명록에 나타난 최용술의 일본수련기

(4-1) 최용술의 대동류 유술 수련

지금까지 최용술의 대동류 유술의 수련여부를 놓고 많은 논란이 있다. 선행연구에서도 알 수 있듯이 사실이 결여된 주장이 끊임없이 반복되고 재생산 되면서 최용술의 대동류유술의 수련에 대하여 신빙성이 떨어진다.

최용술은 생전에 신문인터뷰를 통해 다음과 같이 일본 수련기에 대하여 밝힌바 있다(日刊스포츠,1983,1,8)

최용술은 1903생으로 충청북도 황간에서 출생하였고, 12살에 알고지내 던 일본인에 의해 납치되다시피 하여 일본에 가게 되었고, 일본의 시모노세키에 도착한 후 문득 자신의 처지를 알게 되고 난폭하게 행동하자 그들은 최용술을 버리고 도망 가버렸다. 이후 오오사카와 요코하마 등을 노숙하면서 1년간 지내다가 1913년 여름 와타나베 긴타로 라는 노인에게 이끌려 나라사라는 절에서 2년 동안 살게 되었다. 이후 와타나베 긴타로의 소개로 다케다 소오가쿠를 만나 약17년 간 산속에서 각고의 수행을 하였다. 그리고 스승 다케다와 황실에서 무술을 지도하였고, 관동대지진 때는 조선인을 도와주다가 곤경에 처하기도 하였다. 이후 홋가이도에서 무술을 지도하다가 1943년 스승인 다케다의 죽음을 바라보았고, 스승은 일본의 패전을 접하면서 곡기를 끊고 굶어죽었다. 다케다는 마지막에 "이 무술은 본래 너희 조선의 무술이니 너에게 전해주니 조선으로 돌아가라"라고 말한 바 있다. 이후 해방이 되고 조선으로 돌아 왔고, 오는 도중에 짐을 잃어버려 모든 귀중한 자료가 분실되었다. 이후 대구에 정착하게 되었다.

한국合氣道의 창시자 崔龍述옹
80老益壯 지칠줄모른다
작년엔 美서 示範대회도
12살때부터 日산속서 17년간 각고의 修練
日本합기도 현道主도 崔옹의 제자
해방되자 歸國- 전국돌며 후진養成

〈그림2〉최용술의 인터뷰 출처: 日刊스포츠(1983,1,8)

그러나 최용술의 이러한 증언은 진실여부에 대해 많은 논란이 있었다. 인터뷰 기사에서도 알 수 있듯이 일본아이키도의 현도주가 자신의 제자라고 주장하고, 산속에서 17년 동안 수행했다는 주장, 그리고 다케다와 일본전역을 다니며 무술을 지도했고 특히 황실관련자들을 지도했다는 부분에서는 일본대동류 관계자들과 연구자들은 일고의 가치도 없는 황당무계하다는 반응이다. 이 밖에도 최용술은 자신이 다케다의 내제자이고 양자로서 역할을 하였으며, 스승의 임종을 바라본 유일한 사람이라는 주장도 하였다.

그러나 최용술의 이 같은 주장은 일본역사와 문화를 조금만 이해하는 사람이라면 재고의 여지도 없는 괴변임을 알 수 있다. 1983년 당시의 일본아이키도의 도주는 우에시바의 아들인 우에시바 깃쇼마루(植芝吉祥丸,1921-1999)였으며, 최용술과는 일면식도 없으며, 17년 동안 산속에서 수련했다는 주장도 행적 연도가 전혀 맞지 않은 주장이다. 최용술이 북해도에 들어간 것은 적어도 1915년경일 것이다. 왜냐하면 이때 요시다 고타로(吉田幸太郎,1883-1969)의 소개로 우에시바 모리헤이가 북해도의 히사다(久田)여관에서 다케다 소오가쿠를 만나게 되는데 이 만남을 최용술은 기억하고 있었다. 그런데 17년 동안 산속에서 수련했다는 것은 앞과 되가 전혀 맞지 않는 주장이다. 또한 다케다의 죽음은 뇌일혈(腦溢血)이었으며, 그의 임종을 지킨 것은 야마모토 가쿠요시(山本角義,1914-1982)로 알려져 있다. 또한 다케다의 양자입적설도 다케다는 네 명의 아들들이 있었기 때문에 양자를 들일 필요가 전혀 없었고, 대동류의 계승자는 차남인 다케다 도키무네(武田時宗,1916-1993)였다는 점에서 설득력이 떨어진다.

이러한 최용술의 증언에 대해 국내에 가장 먼저 언급한 인물은 초기제자인 김정윤의 《합기도》라는 책자에서 비롯되었다. 김정윤은 위에서 설명한 내용과 유사하게 최용술의 일본 수련과 합기도의 역사에 대하여 기록하였다. 김정윤은 최용술의 초기 제자 중에서 가장 오랜 기간(6년7개월)을 수련하였고, 한때는 최용술의 뒤를 이을 정도로 탁월한 제자였다. 현재는 전통무예 한풀의 창시자이며 태견을 중심으로 전통무예의 복원에 많은 노력을 기울이고 있다.

김정윤은 최용술의 일본수련에 대해 많은 사람들이 의문을 제기하고 다케다와의 친연성에 대해서도 의문을 제기 하자 1997년5월17일에 직접 일본으로 건너가서 최용술의 행적을 추적하였다. 이때 동행한 인물은 김윤상 용술관 관장과 《랑의 환국》이라는 합기도 소설가로 알려진 '파람무술' 창시자인 신상득 등이 동행하였다. 이에 대하여 모든 일정과 기록을 담당했던 신상득과 인터뷰한 내용을 요약한 것은 다음과 같다(2019년11월11일 인터뷰)

우리 일행은 우선 최용술의 일본 대동류 수련의 진실 여부부터 추적하기로 하였고, 최초의 도착장소인시모노세키의 모지항부터 출발하여 산속에서 수련했다는 장소를 찾아보기로 했다. 최용술이 말한 산은 미즈가키야마(瑞牆山, 야마나시현 위치)라는 장소는 확인이 되었으며, 이때 최용술이 말한 동굴과 주변의 나무와 바위와 같은 것은 위치와 모습은 비슷했다. 그리고 다케다 소오가쿠의 네 번째 아들인 다케다무네미츠(武田宗光)를 만나 최용술에 대하여 물어봤다. 그러나 무네미츠는 최용술에 대한 기록이나 신상에 대해서는 전혀 들은 바가 없다고 증언했다. 다만 당시에 조선인 몇 사람이 수련을 했다는 얘기는 들었다. 아무튼 이렇게 찾아와줘서 감사하고 그 사례로 원하는 것이 있으면 말해 보라 해서 머뭇거리자 김윤상씨가 대동류의 단증을 원한다고 해서 각자 백지 단증을 5장씩 받았다. 사실 받기는 했지만 자존심이 매우 상해서 별로 크게 의미를 두지 않고 무시했으나 김윤상은 5단증을 받았다. 이후 아오모리에 있는 다케다 소오가쿠의 묘를 찾았고, 동경에서 당시의 아이키도회의 도주인 깃쇼마루를 만나 최용술에 대해 물어 보았다. 처음에는 조선인이 그런 수련을 할 수 없고, 내제자로서는 절대 불가능하지만, 만약 시종과도 같은 역할을 했다면 가능할지도 모르겠다.

위 인터뷰에서 알 수 있는 점은 최용술은 다케다와의 관계가 사제지간이 아닌 허드렛일을 도와주는 존재였으며, 다케다의 내제자나 양자라는 주장은 허구라는 점이다.

다케다는 무사로서 성장하였기 때문에 글을 거의 깨우치지 못했고, 겨우 신문을 읽는 수준에 있었기 때문에 모든 자료는 대필형태로 이루어 졌고, 대동류에 관련된 자료는 주로 교원(教員)이었던 호리가와 고도(堀川幸道, 大東流合氣柔術幸道會)에 의해 많은 기록이 남게 되었다. 다케다의 제자 중에 교수대리 자격을 받은 인물은 요시다고타로(吉田幸太郎,

柔拳發行人), 우에시바 모리헤이(植芝盛平, 日本合氣會道主), 사가와 유키요시(佐川幸義, 日本 大東流合氣武術宗範),야마모토 가쿠요시(山本角義, 大東流合氣柔術 總主,마지막 내제자), 마츠다 도시미(松田敏美,松武館開設) 히사 다쿠마(久 琢磨,琢磨會開祖)이다(合氣NEWS 編輯部,2009:31).

이와 같이 대동류유술유파는 영명록과 사례록에 명확하게 문인(門人)들을 빠짐없이 기록하고 있다.

(4-2) 최용술의 대동류 유술 일본 수련

최용술은 생전에 일본 홋카이도에서 다케다 로부터 대동류합기유술을 수련해서 다케다의 내제자이자 양자로 모든 기법을 전수 받았으며, 그 실력을 인정받아 황실과 정부기관의 고관 등을 가르치는 교수대리인과도 역할을 했다고 구술했다. 그러나 정작 본인이 직간접적으로 구술한 부분은 너무도 많은 왜곡이 있어 신빙성이 떨어진다(祕傳·武道,武術(HIDEN):84-88)

지금까지 이러한 왜곡과 오류를 불식시키기 위해 많은 연구가 진행되었으나 명확한 객관적 자료가 없었기 때문에 뚜렷한 연구성과가 없었다. 이러한 이유로 필자는 일본 대동류합기유술 총본부를 방문해서 현재 대동류합기유술의 정통을 계승하고 있는 곤도 가즈유키(近藤勝之, 1945- 현)[5]를 통해 지금까지 단 한 번도 외부에 공개 되지 않은 최용술 관련 영명록과 사례록을 볼 수 있었다.

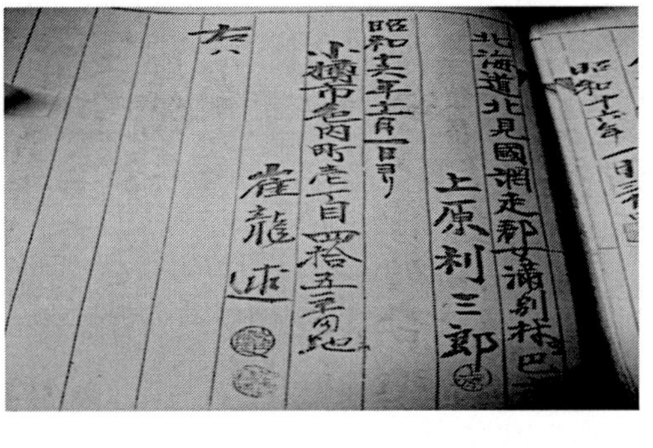

5) 1945년 동경에서 출생하여 호시노츠네지로(細野恒次郎)에게 귀사하여 무술수행을 시작했고, 1961년에 다케다도키무네(武田時宗)에게 지도를 받았다. 이후 1963년 요시다고타로(吉田幸太郎)에게 입문하여 대동류 보급에 노력하였고,1974년 다케다도키무네로부터 종가교수대리(宗家教授代理)자격을 인가받았다. 1988년에는 면허개전, 교수대리, 해외본부장등의 자격을 부여 받았고,1994년 대동류합기유술총무장·본부장으로 임명되어 모든 대동류의 조직을 총괄하게 되었다. 또한 1995년 일본고무도협회로부터 대동류합기유술의 정통대표자로 인정받았다.11999년 일본고무도협회감사에 취임하였고 현재에 이르고 있다(横瀨知行,1990:247),

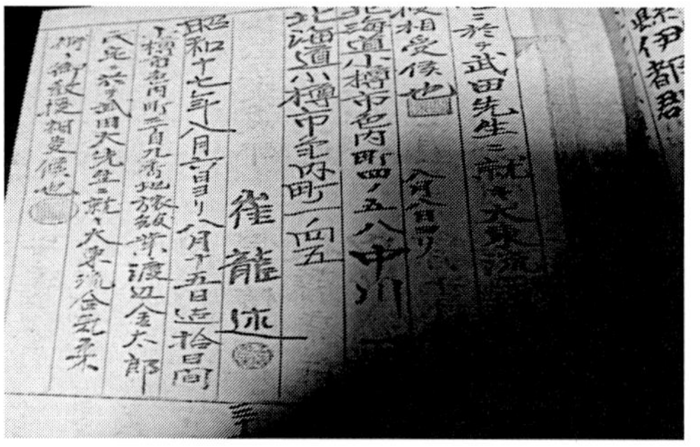

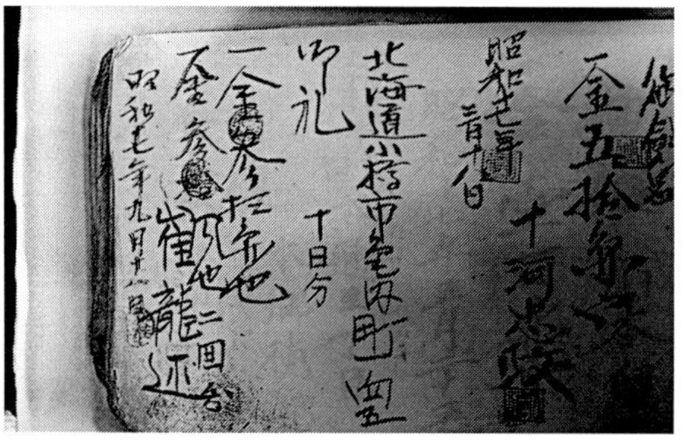

〈그림3〉 대동류합기유술 영명록의 최용술 기록(상,중),사례록(하)
출처: 곤도가즈유키(大東流合氣柔術總務長)
제공: 성도원 소장

〈그림3〉의 영명록에 의하면 나카가와 타다시(中川 正,1903- ?)라는 인물이 최용술과 함께 여관업을 하고 있던 와타나베 긴타로(渡邊金太郞)집에서 다케다에게 수련 하였으며, 첫 번째 수련 시기는 1941년(昭和16)11월1일부터 10일간 이었으며, 두 번째 수련은 1942년(昭和17)8월6일부터 8월15일까지 10일간 이었다. 첫 번째 수련기록은 시작일은 기록되어 있으나 종료일을 기록되어 있지 않은 것으로 보아 당시 다케다의 신변에 문제가 있었음을 알 수 있다. 다케다는 당시 82세라는 고령으로 기력이 왕성한 시기는 아니었기 때문에 종료일을 지키지 못한 것 같다. 그리고 기록을 남긴 것은 두 사람인 것으로 추측할 수 있다. 우선 글씨체가 다르고 주소를 기입하는데 1941년 기록에서는 일(壹)자로 기록했고 1942년 기록에는 일(一)자로 기록하였다. 1942년 기록은 나카가와 타다시의 기록으로 추측할 수 있으며, 그 이유는 문장 끝에 날인된 인감이 나카가와 타다시의 것으로 찍혀 있기 때문이다. 나카가와 타다시와 최용술 그리고 와타나베 킨타로의 주소는 모두 오타루시(小樽市)시키나이쵸(色內町)1쵸메(丁目)45로 기록되어 있어 세 사람이 같은 장소와 같은 업종에 종사했을 가능성이 매우 높다. 당시의 오타루의 시키나이쵸는 운하가 있는 장소로 물류가 활발하게 교류되었던 곳으로 최용술은 이곳에서 오랫동안 머물렀던 것으로 보인다. 와타나베 긴타로는 이곳에서 숙박업을 하는 것으로 기록되어 있고, 최용술

의 직업도 숙박업으로 나타나 있다.

최용술이 1983년1월8에 있었던 일간스포츠지와의 인터뷰에서 자신이 노숙생활을 하고 있었을 때 교토의 나라사(奈良寺)라는 절에 데리고 갔었던 인물이 와타나베 긴타로라고 증언했다. 이후 최용술은 와타나베의 가족과 2년간 함께 지내다가 최용술과 홋카이도로 함께 이주 했던 것으로 보인다. 당시에는 홋카이도 개척을 위해 많은 사람들이 이주를 했으며, 특히 무술인들이 생계를 위해 홋카이도로 건너갔다.

이 기록에서 가장 주목되는 점은 최용술은 다케다를 대선생(大先生)이라고 불렀다는 점이다. 이것으로 미루어 보아 나카가와 타다시와 최용술은 다케다의 직제자가 아니고 그 제자의 제자였던 것으로 추측할 수 있다. 앞에서 살펴본 바와 같이 장인목과 정형옥의 경우 마츠다 도시미로부터 대동류를 배웠기 때문에 다케다를 대선생이라는 호칭을 사용하였다. 마츠다 도시미는 다케다로부터 교수대리를 받은 인물로서 홋카이도에서 많은 제자를 양성 했으며,이때 많은 조선인들이 대동류를 익힌 것으로 나타났다.

또한 영명록에서는 수련인의 이름 밑에 연령이 기록되어 있다. 나카가와 다다시의 기록은 찢겨져서 보이지 않지만 최용술은 39세라고 판독할 수 있으며, 이를 통해 최용술은 생년월일은 알 수 있다. 이 기록으로 보아 최용술은 1903년생으로 그동안 제기되었던 1899년 주장(김이수,2001:29,KimmHe-Young,2008:236-240)과 1900년이란 주장이 있었지만, 이 기록에 의하면 강습수련에 참석한 시기인 1942년에 39세이기 때문에 1903년이 정확한 생년이다.

1942년은 우에시바 모리헤이의 황무관(黃武館)도장이 대일본무덕회의 산하조직으로 가입하는 시기로 모든 무술명칭을 다른 무도와 동일하게 합기도라고 명명한 해이기도 하다. 이 기록에서 나카가와 타다시는 대동류 유술이 아닌 대동류 합기유술이라고 기록하고 있다.

그리고 최용술은 당시 와타나베 킨타로가 경영하는 여관에서 다케다의 죽음을 지켜보았다고 구술(혹은 다케다가 패전에 대한 괴로움으로 음식을 끊었고 결국 사망했다고도 하였음)하였는데 실질적으로 다케다의 거주지는 오타루가 아닌 몬베츠(紋別)의 시라다키(白瀑)지역이었다. 다케다는 아오모리(青森)에서 객사하였고 현재 묘지도 아오모리에 남아 있다.

영명록의 기록에 의하면 최용술은 10일 단위로 해서 2회에 걸쳐 20일간의 수련 기간이었고, 사례록에는 강습료로 2회 분인 60엔을 지불한 것으로 나타나 있다. 당시에는 경찰관의 1개월 월급이 약30엔 이였다는 점을 감안하면 고액의 강습료를 지불했다는 것을 알 수 있다. 이와 같이 최용술은 비록 다케다의 연령이 고령임에도 불구하고 고액의 강습료를 지불하면서 지도를 받았으나 결국에는 특별한 목록을 받지 못했다. 더욱이 교수대리나 면허개전과 같은 정식 자격을 받을 만큼 체계적인 교습을 받지 않았다는 것을 알 수 있다.

이와 같이 영명록과 사례록으로 보아 최용술은 다케다의 내제자이거나 양자, 그리고 교수대리로 일본지도층을 대상으로 가르치지 않았으며, 다케다로부터 대동류의 후계자나 계승자로서 인정받았다는 것은 사실이 아니다.

(4-3) 결론 및 제언

최초로 공개된 대동류 합기유술의 영명록과 사례록의 기록에 의해 한국합기도 창시자로 알려진 최용술의 일본 수련행적은 다음과 같은 사실이 명확히 밝혀졌다.

첫째, 최용술의 대동류 합기유술의 수련은 사실로 밝혀졌으며, 그 수련은 다케다 소오가쿠의 2회에 걸쳐 총20일간 이루어 졌다. 또한 최용술의 생년이 기존의 주장과는 다르게 1903년이라는 사실과 숙박업에 종사했다.

둘째, 최용술과 다케다 소오가쿠는 기존에 알려진 양자나 내제자가 아닌 다케다 제자로부터 대동류를 익힌 것으로 파악된다. 이는 다케다에 대하여 최용술이 대선생이라는 호칭을 사용했다는 점에서 알 수 있으며, 다케다와 최용술의 사이에는 다른 스승이 존재하였음이 밝혀졌다.

셋째, 수련세미나 중간의 수련공백은 다케다의 신변이 문제가 되었으며, 기존의 최용술의 증언과는 다르게 다케다의 사인(死因)이 밝혀졌다. 최용술의 주장은 많은 부분에서 왜곡되었다는 것을 알 수 있다.

본 연구를 바탕으로 한국합기도의 창시자로 알려진 최용술의 대동류 합기유술 수련과정을 보다 명확히 파악할 수 있었다. 그러나 최용술의 무술기법은 20일 정도의 수련과정으로는 도저히 설명할 수 없을 정도로 탁월하였다. 이는 다케다가 아닌 다른 대동류 계열의 인물로부터 오랜 기간 동안 수련했다는 것으로 추측할 수 있다. 이 점 역시도 실증적 연구방법을 통해서 명확하게 규명할 필요가 있다. 현재 한국합기도는 무명(武名)의 도용여부에 대해 끊임없이 논란이 이어지고 있다. 또한 이러한 논란의 연장선에서 한국합기도의 정체성에 대해 논란이 표면화 되면서 한국과 일본이 충돌하고 있다. 이러한 현실에서 최용술의 일본수련행적에 대한 후속연구는 한국과 일본의 올바른 무도정립에 있어서 매우 중요할 것이다.

참고문헌

김이수(2008), 최용술의 일본 수련기에 대한 재 고, 한국체육학회지 47권6호,27-37.

김이수 김종필(2001), 덕암 최용술에 관한 초고, 대한무도학회지, 제3권1호, 19-30

김종필, 최종균, 송일훈(2010). 한국합기도의 단체통합을 위한 정체성에 관한 소고. 한국체육과학회지. 19(2), 901-916.

김정윤(1962),합기술,歐美書館.

김정환, 김주연(2014), 대동류유술의 한국유입과 대한기도회 설립 및 분열과정, 한국체육사학회지. 19-3호.93-108.

박순진·김의영(1999), 합기도성립에 관련된 유술 및 사상에 관한 연구. 대한무도학회지. 제1권1호,78-91.

황종대, 주동진, 김동규(2012), 한국합기도의 태동과 발전사:대동류합기유술(大東流合氣柔術)을 중심으로,대한무도학회지,14권1호,1-15.

今村嘉雄(1982),日本武道大系9卷,武道随筆:東京, 同朋社出版社,10-30.

木村達雄(2000), 透明な力:不世出의 武術家

佐川幸義,東京:講談社,17.

國語辭典(1991),岩波書店: 東京,103.

小松原濤(1972),陳元贇 硏究:東京,雄山閣,92-94.

スタンレー·プラニン(2009),武田惣角と大東流合氣柔術,合氣ニュース、13-49.

進龍一(1993),大東流合氣柔術1.2.3,愛隆堂,12-13.

田中守·藤堂良明·東憲一·村田直樹,최종삼,김영학,최종균 역(2006), 日本武道論:서울,도서출판 무지개사,115-119 .

富木謙治(1993), 武道論: 東京,大修館書店.

錦谷 雪 · 山田忠史(1978). 武藝流派大辭典:東京,東京出版社,4-9.

武骨居士(1893), 武道祕决合氣之術, 國立国会 デジタルコレクション

福岡 猩(2001), 大東流と華麗な蹴り技の

ミックスーハプキドーの秘密、HIDEN BUDO&Bujutsu.

二木謙一·入江康平·加藤 寬(2003), 武道日本史小百科:東京,114-116.

湯淺 晃(2001), 武道傳書を読む, 日本武德館: 東京,5.

横瀬知行(1990), 日本の古武道, 日本武道館,247.

Kimm He-Young(2008), HISTORY of Korea and HAPKIDO,Hando Press.

日刊스포츠(1983,1,8)

毎日新聞(1991,9,3),韓国合気道起源を探す＜上＞.

合氣NEWS編輯部(2009):31

合氣NEWS(1990.3.1.),植芝盛平と合気道Ⅰ開祖を語る直弟子たち.

祕傳·武道,武術(HIDEN,2018,84-88)

https://bunka.nii.ac.jp/heritages

http://www.daito-ryu.org.

https://suiryu-kunino.jimdofree.com

Ⅳ-2. 한국합기도 유입의 문제점과 현실[6]

1. 일본 대동류합기유권술(大東流合氣柔拳術)의 한국유입과정

한국에서 전승 되고 있는 무예의 종류는 매우 다양하며, 대부분이 해방 전후시기에 형성된 것으로 파악할 수 있다. 전통적으로 계승된 무예는 택견과 태격과 같은 비살상용 도수무예가 대표적이고, 근대 이후시기에 중국과 일본을 통해 유입된 무기술과 도수 무도가 도장뿐만 아니라 일제강점기의 학교 교육의 체계로 자리 잡는 요인으로 체계화되고 발전되어 왔다.

특히 일본으로부터 들어온 무도는 치안유지와 일본의 황국신민을 양성하는 목적으로 뿌리를 내린 유도, 검도를 중심으로 발전되었고, 태권도 형성에 많은 영향을 미친 가라테와 합기도는 해방전후 시기에 일본의 신체문화를 모방하는 차원에서 수용되었다. 이 시기는 개화기와 일제강점기라는 시기적 특징 가운데 다양한 요인이 유입 요인으로 작용하였으므로 일본 무도가 선진화된 무도라는 인식체계아래 아무런 비판과 소화 능력없이 유입되었다.

그러나 지금까지 일본 무도의 유입과정에 나타난 피상적인 현상만을 파악하였으나. 그 이면(裏面)에 담겨진 사상적 기저를 충분하게 읽어내리지 못한 부분이 너무 많다. 명확한 유입과정과 배경을 파악하는 것은 한국무예의 역사적 의미와 가치를 탐구하는데 있어서 가장 핵심적인 것이다. 그 중에서 한국형 합기도는 대동류합기유권술[7]을 모태로 형성된 것으로 일본의 막후시기에 다케다 소카쿠(武田惣角, 1859-1943, 이하 다케다)에 의해 체계화 된 종합무도체계였다. 다케다의 대동류 합기유술은 한국과일본의 합기계열 무도의 근원이 되는 대표적인 무도체계로서 인식되고 있다. 지금까지 한국 합기도의 경우에는 도주(道主)라는 일본식의 명칭을 사용하는 최용술(崔龍述, 1904-1986)이 다케다의 내제자, 또는 계승자였다는 주장을 지금까지 견고하게 지지하고 있다. 한편, 일본 합기도(合氣道,Aikido)는 개조(開祖)인 우에시바 모리헤이(植芝盛平, 1883-1969)가 다케다의 대동류로부터 많은 영향을 받았으며, 이를 일본 고유의 종교인 신토(神道)계열의 오모토교(大

6) 이 내용은 한국체육사학회지 제21권 제1호에 게재된 「**일본 대동류합기유권술(大東流合氣柔拳術)의 한국유입과정에 관한 연구, -흑룡회(Black Dragon) 요시다고타로(吉田幸太郎)를 중심으로-를 중심으로 구성하였음.**

7) 이 연구에서는 다케다소가쿠가 사용한 무도명칭을 대동류유술(1899년부터사용)로 하였으며, 1922년 오모토교(大本教)와의 교류 이후 대동류합기유술이라는 명칭을 사용한 것으로 명확하게 구분하였음. 또한 대동류유권술과 유권술은 요사다고타로의 무도명칭으로 사용하였음. 또한 최용술의 경우에는 유입초기는 대동류합기유권술,야와라, 유권술 등으로 표현하였으며, 한국에 도입되어 1957년 이후 명칭은 기도(氣道), 또는 합기도라는 명칭으로 정리하였음.

本教)의 영향으로 구도(求道)를 추구하는 무도로 정착하였다. 이와 같이 한국과 일본은 대동류합기유술의 기술체계를 중심으로 서로 다른 독특한 합기도를 완성하게 되었다. 한국 합기도의 원형인 합기유권술을 유입했다는 도주(道主)최용술은 약 30년간 일본의 북해도를 중심으로 대동류유권술을 수련하고, 1946년에 귀국해서 대동류유권술을 보급하였다고 한다(대한민국합기도총협회,2000). 또한 최용술은 보급 초기에 합기도라는 명칭을 인지하지 못한 상태에서 야와라(和), 유술, 유권술(柔拳術)이라는 명칭으로 자신의 기술을 보급시켰다. 그는 자신의 무력(武歷)에 대하여 자신은 다케다에게 사사하였고 직전제자로서 대동류의 모든 기법을 전수받았다고 주장 하였다(김이수,김종필2001:19-30).

그렇지만 당시의 전수체계와 유입된 기법을 살펴보면 많은 의문점이 있었고, 전통적인 대동류 합기유술의 기법과는 다른 체계로 이루어 졌다. 아무튼 최용술과 다케다의 관계는 초기의 양자설, 계승자설, 내제자설 등은 많은 의문점이 있었다. 하지만 이러한 주장은 일방적으로 확인되지 않은 구술과 주장을 중심으로 검증 없이 70년 간 실제적 진실로 받아들여졌다. 그리고 이러한 다케다와의 내제자설은 현재 까지도 정설로 고착화 되어 있고 심지어는 무협(武俠)적 요소가 가미되어 끊임없이 미화되어 왔다.

그러나 이러한 의문점에 대하여 성도원·최종균(2019)은 대동류합기유술의 영명록(英名錄)과 사례록(謝禮錄)의 기록을 통해 최용술의 대동류수련과정을 분석한 결과, 최용술은 다케다의 내제자가 아닌 또 다른 인물로부터 대동류유술을 수련했다는 사실을 시사(示唆)하였다. 이러한 주장은 기존의 다케다의 제자설과 대동류 유술의 한반도 본국설, 그리고 신라삼라원의광(新羅三郎源義光)을 중심으로 하는 칭화천황설(淸和天皇)의 대동류 기원설과 같은 황당한 주장을 뒤집은 새로운 시도였다.

그림 1. 대동류 합기유술의 증흥조(中興祖)
다케다소가쿠의 영명록 원본
출처: 곤도가즈유키(近藤之行) 소장

영명록에서 최용술은 다케다에게 '대선생(大先生)'이라는 호칭을 사용하였고, 2회에 걸쳐 20일간 기술강습회에 참가하였다. 그러나 최용술이 귀국초기에 구사한 관절기법은 단순하게 기술강습회에 참가해서 체득한 수준이 아니라 대동류관계자로부터 익힌 매우 정교한 기술수준이었다. 그렇기 때문에 대동류의 어떤 인물로부터 수련했는지에 대하여 커다란 의문이 있었다. 이 부분은 한국 합기도의 한국유입과정과 체계화 과정에 가장 중요한 문제의 핵심이었기 때문에 많은 논란이 제기 되었다.

이러한 논란 속에서 최용술과의 관계설정에 있어서 여러 가지 측면에서 주목된 인물이 요시다고타로(吉田幸太郎, 1883-1966, 이하 요시다)이다. 일본의 한국합기도 관련 연구에서는 최용술을 한국합기도의 창시자(創始者)로서 소개하면서 일본식 이름인 요시다아사오(吉田朝男)로 안내하고 있으며, 요시다로부터 북해도의 오타루지역에서 대동류유술을 수련했다고 명확하게 밝히고 있다(https://ja.wikipedia.org/wiki/).

그러나 일본의 자료는 단순하게 최용술의 계보만을 분석한 것으로서 보다 명확한 사실적 접근에는 이르지 못하였다. 한국의 연구에서도 이와 유사한 관련 연구가 진행되었다. 대표적으로 는 김이수, 김종필(2001)의〈 덕암최용술초고〉, 김정환·김주연(2014)의〈대동류유술의 한국유입과 대한기도회설립 및 분열과정〉, 성도원·최종균·백경화(2020)의 〈대동류합기유술의 영명록(英名錄)과 사례록(射禮錄)에 보이는 최용술의 일본수련과정에 관한 연구〉 등 이 있으나, 최용술의 일본 대동류 수련과 관련된 연구, 특히 요시다 고타로와의 연관된 연구는 전혀 이루어지지 않았다. 이 연구는 이러한 관점에서 대동류합기유술의 한국유입과정에 나타난 핵심인물인 요시다고타로를 분석하여, 최용술을 통해 유입된 대동류합기유권술의 유입과정을 살펴보고자 한다. 이는 지난 70년 간 아무런 비판 없이 수용되어 왜곡과 표절, 그리고 너무도 저급한 무협수준의 미화와 명칭도용에 대한 수용모습을 바로잡아야 한다는 필요성에서 시도되었다. 또한 이 연구에서는 문헌 연구와 현지답사, 그리고 기록에 남겨진 최용술의 대동류 수련과정을 통해 보다 명확하게 밝히고자 한다.

2. 요시다 고타로와 대동류합기유권술

1) 흑룡회(黑龍會)회원이자 기독교인(基督教人) 요시다고타로

요시다고타로(吉田幸太郎)는 1883년 후쿠시마현(福島懸)의 타무라(田村)에서 태어났다. 부친은 지역의 면장을 지낸 것으로 알려졌다. 후쿠시마의 미하루(美春)지역에서 소학교를 졸업하고 토호쿠가쿠인(東北學院)을 거쳐 와세다(早稲田)대학에 진학해서 정치경제학을 전공하였다. 이후 군 입대에 지원해서 센다이(仙台) 지역에 주둔하던 제2사단에 소위로 임관하였다. 이후 1907년 북해도의 기타미(北見)의 도오가루(遠軽)에 정착하였다. 이 지역은 당시 일본군 제2사단이 주둔하게 되면서 북부방면대로 알려졌으며 북진(北鎭)사단이라는

별칭으로 불리었다. 요시다는 군(軍)과의 인연으로 이 지역으로 진출하였는지 아니면 그의 종교적 신념에서 진출하였는지는 명확하지 않다. 아무튼 요시다는 미개척지를 매입해서 1933년까지 북해도에서 생활하면서 주로 언론과 무술연마 및 지도에 몰두 하였다. 요시다는 당시로서는 매우 특이한 이력을 가지고 있다. 그는 드물게 부인과 함께 독실한 기독교인으로 알려져 있다. 요시다의 부인인 나카무라 마츠코(中村マツコ)는 센다이에 위치한 미야기 (宮城) 여학교를 졸업하고 이후 교사로 봉직하게 된다. 이 여학교는 저명한 기독교인으로 알려진 오시가와 마사요시(押川方義, 1850-1928)가 설립한 종립학교로서 주로 일본 동북지역의 기독교 전파의 중심적인 역할을 하였다. 오시가와는 학교를 운영하면서 일한동지조합(日韓同志組合)라는 정치조직의 대표자로서 활약하였다. 또한 그는 북해도의 삿포로대학을 중심으로 기독교를 전파한 우치무라 간조(內村鑑三, 1861-1930)와 일본 무사도를 전 세계적으로 알린 니토베 이나조(新渡戶稻造, 1862-1933)와 함께 메이지시대의 유명한 크리스트교주의자의 선구자이며, 장로개혁파의 혁신계열 소속의 정치가로서 일본의 근대적인 개혁을 주도한 인물로 알려졌다 (https://aikidojournal.kotaro-yoshida/).

요시다의 이러한 독특한 이력은 시대적 흐름을 이해하는데 매우 개방적이였고 진보적이었다. 요시다는 국적과 신분을 가리지 않고 많은 무도관련 제자들을 배출하였다. 그의 제자로는 미국인으로 하와이지역에서 활약한 가라테 사범 리차드 킴(Richard Kim), 일본 쇼린지겐포(少林寺拳法)의 창시자인 슈도신(宗道臣, 1899-1986),극진가라테의 최영의(일본명 오야마마쓰다츠·大山倍達, 1899-1986), 일본유권술협회 지비키히데미네(地曳秀峰,1927-)등이다. 그러나 요시다를 설명하는데 빠지지 않고 언급되는 부분은 흑룡회의 일원으로 활약한 사실이다. 흑룡회(黑龍會,BlackDragon)는 '대아시아주의(大亞細亞主義)'와 강력한 일본의 팽창주의를 사상적 중심으로 하는 극우단체이며, 당시의 핵심적인 시대적 사상기조였던 다루이 도오기치(樽 井藤吉. 1850-1922)가 주창한 '대동합방론(大東合邦論)'에 경도되어 일본제국주의가 탄생하는데 커다란 기여를 하였다. 당시의 조선은 물론 중국의 만주와 몽골, 그리고 러시아지역까지 진출하여 각종 정보수집, 요인암살, 대중소요와 같은 활동을 적극적으로 획책하였다. 이들은 점차 강력한 조직강령을 중심으로 집단화 되었고, 대표적으로 도야마 미츠루(頭山滿)의 현양사(玄羊社), 우치다료헤이(內田良平)의 천우협(天佑俠)과 흑룡회(黑龍會), 그리고 전후에 이들의 유지(遺志)를 받들어 설립된 대동숙(大東塾), 사사지마 료이치(笹島良一)의 대일본생산당(大日本生産黨)과 같은 형태로 진화하였다(최종균, 2008:25-38). 다시 말해서 오늘날 일본을 대표하는 모든 우익결사단체의 모체가 되는 결사단체가 이시기에 생성되었다.

특히 요시다는 후쿠시마 출신이라는 지연과 대동류라는 무술유파의 특성, 그리고 북해도라는 지역을 배경으로 언론과 유권흥행과 같은 사회활동에도 적극적이었다.

2) 대동류합기유권술과 요시다고타로(吉田幸太郞)

요시다는 1933년 저술한'선거철학(選擧哲學)'이라는 저술에서 본인을 정치교육보급회장(政治教育普及會長), 북해도민우신문사(北海道民友新聞社)사장, 사립 대정도서관(大正圖書館)관장, 그리고 대동류대유술대리교수(大東流柔術代理教授)라고 소개했다,

그림 2. 요시다고타로의 저서 선거철학(1933년)

요시다가 수련한 대동류합기유술은 아이쯔번(會津藩,.현 후쿠시마현)지역에서 대대로 비밀리에 전수되어 온 검술과 창술, 그리고 도수무술이 결합된 전통무술이다. 그리고 막말시기에 활동한 백호대(白虎隊)의 전설로 유명한 아이쯔번의 번교(藩校) 역할을 하던 일신관(日新館)에서 수련된 기법도 가미되었다. 아이쯔번의 무술로서 전승되어 오다가 다케다소가쿠에 의해 일반 대중에 알려지게 되었다.

다케다는 전통적으로 전승되던 대동류를 자신이 수련한 타류무술을 가미시켜 관절기와 도수탈검에 특화된 독특한 유파를 만들었다. 이후 1887년에 처음으로 북해도를 방문하였고, 이후 1910년에 자신의 제자이고 아키다(秋田)지역의 경찰부장이었던 자시배미네히네(財部實秀)가 북해도로 전근가게 되면서 같이 북해도를 방문하였다. 다케다가 북해도에 정착한 시기는 1912년이었고, 지역은 북해도의 극동인 아바시리(網走)지역이었다. 다케다는 이 지역을 중심으로 대동류유술을 지도하게 되었고, 이 시기 이후부터 대동류는 북해도를 거점으로 전국적으로 보급되기 시작하였다. 이때 많은 제자들이 배출되는데 대표적으로 사가와유키요시(佐川幸義,1913년 입문), 호리가와유키미치(堀川幸道,1914년 입문), 마츠다도시미(松田敏美,1928년 교수대리) 등이다. 이들은 대동류의 비전목록과 면허개전, 그리고 교수대리와 같은 등급과 직책을 허락받았다. 특히 사가와는 다케다를 동행해서 일본 전지역을 순회하면서 무사수행에 동행하였고, 마츠다는 장인목(張仁穆,1938년 비전목록

받음)에게 대동류를 전수한 것으로 알려져 있다. 여기서 주목되는 부분은 대동류대유술대리교수(大東流柔術代理教授)라는 소개부분이 있는데 대리교수 혹은 교수대리는 전통적인 일본방식의 수련정도를 가늠하는 단계를 의미한다. 오늘날의 단급제는 강도관 유도의 가노지고로가 대일본무덕회에서 최초로 도입한 것으로 이전에는 초전, 중전, 가전(家傳), 오의(奧義)등과 같은 등급으로 나뉘어져 있었다. 특히 스승을 대신해서 유파의 기법을 타인에게 지도할 수 있는 등급은 대리교수라는 등급이상으로 허가를 받아야 했다. 교수대리는 한 지역을 담당하는 유파의 지도자로서 인정되는 것을 의미하는 것으로 상당한 수준의 기법을 구사할 수 있어야 했다.

대동류 합기유술에 남아있는 영명록의 기록에 의하면 다케다의 제자는 전국적으로 약 3만 명에 이른다고 한다. 이중 교수대리와 같은 매우 숙련된 지도자는 약30여명 정도로 알려져 있고, 요시다는 지역의 주요인물로서 다케다의 깊은 신뢰를 받았다. 특히 같은 동향출신으로 지역 언론에 있어서의 역할과 정치적 기반과 배경을 보면 요시다가 차지하는 위치는 상당한 수준이었을 것으로 짐작할 수 있다. 다케다는 북해도를 떠나 일본전역을 편력하면서 무사수행을 하였고, 지역별로 많은 제자를 양성하였다. 다케다가 북해도에 없던 시기에 이 지역에서 대동류합기유술을 보급한 것은 요시다의 역할이 매우 컸다.

吉田幸太郎
요시다 코타로
1883~1966

그림 3. 요시다고타로(좌:북해도 시절,우:晩年의 히다치(日立)거주 시기)
출처: 地曳秀峰인터뷰
http://www.taikyokuken.co.jp/goshin/story8.html

이러한 사실은 요시다가 당시 엄청난 흥행으로 무술의 상업화와 보급화가 촉진되는 계기가 되었던 '유권흥행(柔拳興行)'이라는 비즈니스를 시도했다는 점이다. 이때 기존의 대동류합기유술이라는 명칭대신에 대동류합기유권술이라는 새로운 무도명칭을 사용하기 시작한 것은 매우 의미 있는 것이였다. 이 유권흥행을 통해 무술시장을 개척하는 한편 언론인의 감각을 살려 '유권(柔拳)'이라는 잡지를 출간하는 등 대동류합기유권술을 홍보에 앞

장섰다. 한편 요시다가 일본무도계에 가장 중요한 기록을 남기게 되는데 다름 아닌 북해도지역에서 일본합기도의 개조(開祖)인 우에시바모리헤이(植芝盛平,1883-19)를 다케다에게 소개시켰다는 점이다. 1915년 요시다는 본격적으로 다케다로부터 대동류합기유술을 수련하게 되는데 이때 우에시바모리헤이를 동행해서 수련하였고, 당시 만났던 장소가 히사다(久田) 여관으로 알려져 있다. 이후 우에시바는 대동류의 기법과 자신의 무력을 융합시키고 이후 오모토교의 정신세계를 개념화 시키는 수행 끝에 자신만의 독특한 합기세계를 구체화 시켰다.

요시다 역시도 기존의 대동류 합기유술과는 다른 유권술이라는 새로운 영역을 만들었으며, 이 유권술은 타무술과의 비무(比武)를 강조하는 실전적인 기법을 추구했다.

3. 요시다 고타로가 최용술의 스승인 증거

1) 성명(姓名)과 무명(武名)인식의 동일성

최용술의 대동류유술 수련에 대하여 항상 의문시 되는 부분은 다케다의 내제자설과 황족지도, 그리고 하와이 연무에 관련된 내용이다. 그리고 최용술은 다케다를 '대선생'이라고 호칭했으며, 그 의미는 본인의 스승보다도 윗 배분의 선생님이라는 의미로 해석할 수 있다.

그 중에서도 가장 이해가 되지 않는 부분은 최용술의 일본이름이 요시다아사오(吉田朝男)라는 부분이다. 김정환·김주연(2014:96)은 최용술의 이름이 '요시다아사오'라고 한 이유는 최용술이 일본에 건너갔을 초기에 나라(奈良)의 키츠텐지(吉田寺)라는 사찰에 머물게 되면서 이름을 요시다(吉田)로 일본명을 사용했다고 주장하였다. 그러나 상식적으로 사찰이름을 자신의 이름으로 사용한다는 것은 매우 드문 일이고, 만약에 그 사찰의 이름을 사용했다고 하면 '키츠텐아사오'라고 하는 것이 일반적이다.

그리고 최용술이 다케다의 양자이거나 내제자였으면 다케다라는 성(姓)을 습명(習名)해야만 하는데 요시다라는 성을 따른 것은 요시다 가문의 영향을 받았을 가능성이 더 크다. 이러한 사실은 일본의 습명전통으로 보았을 때 지극히 상식적인 것이다.

일본은 전통예술과 무예계에는 이에모토(家元)라고 하는 독특한 제도가 있다. 이는 일자상전(一子相傳)과 가업승계와 같은 민감한 부분으로 지금까지도 이어져 오는 뿌리 깊은 전통이다. 예를 들어 한 기예에 출중한 가문이 가업을 승계할 수 없을 경우 양자를 들이는데 반드시 자신의 성을 따르게 하고 오랜 기간 동안 사제동행관계를 지속한다. 유럽을 비롯한 여러 나라에서도 비슷한 제도가 있지만 일본의 경우에는 혈통보다는 철저하게 능력을 우선한다. 그리고 적어도 10년 이상은 매우 엄격한 도제기간을 거쳐 충분하게 능력이 검증된 이후 분가 또는 노렌와케(독립할 때 같은 이름의 상호를 사용할 수 있게 해주는 것)가 가능하다.

만약 최용술이 대동류의 모든 비전을 전수 받았다는 면허개전 허가자(許可者)이고, 교수대리와 같은 위치에 있었다면 그는 분명히 다케다아사오(武田朝男)라는 이름이 되어야 한다. 그러나 최용술은 다케다가 아닌 요시다라는 성을 사용했다는 점에서 일본의 연구자들은 의문과 신뢰성을 지적하고 있다. 그리고 다케다는 글을 깊이 있게 깨우치지 못했다. 그는 무사란 글을 알게 되면 수련을 게을리 하게 된다는 고전무사들의 인식을 가지고 있어서, 겨우 글을 읽을 정도였으며, 문외불출의 대동류를 외국인들에게는 절대 지도하지 않았다는 점은 일반적으로 많이 알려져 있다. 이와 같은 점에서는 최용술도 비슷한 점이 많았다. 최용술은 유소년기에 도일(度日)했기 때문에 제도권교육은 전혀 받지 못했다. 그렇기 때문에 일본어와 한국어를 표현하는데 한계가 있었고, 자신이 익힌 무예를 명확하게 체계화 하지 못했다. 이러한 점에서 향후 많은 문제점과 기법의 일천함이 초래 되었다. 다음으로 최용술과 다케다와의 도제관계보다 요시다와의 도제관계에 방점을 두는 것은 무명을 대동류유술, 또는 합기유술이 아닌 야와라, 또는 '유권술(柔拳術)'이라는 명칭을 사용했다는 점이다. 이점은 당시 일본의 유술과 서양의 권투와 같은 격투기의 혼합용어로서 대동류 계열의 요시다 고타로의 「유권(柔拳)」이라는 잡지명과 일치한다.

1951년
대구

달성공원 부근 양조장 2층

그림 4.대동류합기유권술 개관식
출처: He-Young Kim,2008:262

유권은 강도관 유도를 창시한 가노지고로의 조카인 가노겐지(嘉納健治)에 의해 시작되었다. 유권은 유술과 권술이 혼합된 종합형 격투체계로 하나의 유파라기보다는 흥행을 위한 실전과 영업성이 혼재된 형태였다. 흔히 유권흥행이라는 명목으로 막말시기에 폭발적으로 인기를 모았으며 오늘날의 이종격투기와 같은 흥행을 목적으로 하는 대중오락적인 격투종목이었다. 창시자와 명칭에서 알 수 있듯이 가노 겐지를 필두로 주로 유도가들을 중심으로 구성되었고, 프로유도와 프로레슬링과 같은 조직으로 진화하게 된다(鹽見俊一, 2008:248-257).

요시다는 북해도에 가기 전에 이미 유권이라는 당시 유행했던 유권흥행과 격검흥행을 알 고 있었다. 이후 북해도에서 「유권」이라는 잡지를 발간하였고, 요시다의 직전제자인 지비키히데미네(地曳秀峰)는 대동류유술을 기반으로 호신기법을 체계화 하여 전일본유권연맹이라는 단체를 설립하였다. 지비키는 요시다와의 만남에 대하여 다음과 같이 회고하였다(http://www.taikyokuken.co.jp/goshin).

요시다 선생은 히다치(日立)시에 살고 계셨으며, 만나면 첫인상이 상당한 인텔리라는 느낌을 받는다. 여든 살이 지났음에도 항상 철선(鐵扇)과 수리검, 그리고 철동전을 항상 휴대하고 있었다. 나는 요시다선생으로 부터 대동류의 개념과 무사로서의 발상법(發想法)을 배웠다. 또한 요시다 선생은 말년에 반신불수인 상태였으나 항상 무사로서의 풍모글 잃지 않으려 노력했다. 그 상황에서도 투검술과 투전술을 수련하고 있었다. 그 이유에 대하여 다케다선생과 무사수행을 보좌하면서 일화로부터 무기술인 수리검과 철동전에 대한 수련을 열심히 하게 되었다고 했다. 그리고 무엇보다도 대동류의 기술을 이용한 장술(杖術), 우산술(雨傘術), 여성호신술과 같은 호신술연구에 많은 노력을 하였다.

지비키는 요시다의 영향으로 호신기법 연구에 많은 노력을 하였고, 이후 대만의 태극권에 심취하여 자신만의 유권도를 창시하였다.

그림 5. 전일본유권연맹
(좌에서 두 번찌-지비키히로코 현회장)
출처:2013년 일본중앙본관 현지답사(최종균 소장)

이와 같이 유권술이라는 무도명칭은 요시다가 대동류의 기법을 바탕으로 스스로 붙인 것으로 추측할 수 있으며. 다케다의 대동류와는 다른 호신성을 강조한 기법으로 변화를 시도하였다는 것을 알 수 있다.

아무튼 최용술은 1946년 일본에서 귀국한 이후 대구시에 정착하게 되었으며, 이후 19+48년에 자신의 집을 개조하여 유술과 야와라라는 이름으로 제자를 키우기 시작하였다. 이후 1951년 서복섭의 도움으로 최초로 도장을 개관하였는데 이때는 대한합기유권술(大韓合氣柔拳術)이라는 무도명칭을 사용하였다. 이러한 점에서 최용술은 요시다와의 관계에서 이미 유권이라는 용어에 대하여 인식하고 있었음을 알 수 있다. 다케다와 마찬가지로 최용술도 새로운 무도를 창시하거나 개조하는 차원에서는 역량이 부족했던 것으로 추측한다면, 이 유권이라는 무도명칭은 요시다로부터 영향을 받았다는 것을 알 수 있다.

2) 시공간적 차원의 일치성

북해도는 19C무렵까지는 미개척지로 아이누라고 하는 원주민이 살고 있었고, 이들은 주로 수렵과 어로 생활로 삶을 영위하였다. 아이누족은 종족분류상 일본민족과는 다르게 북유럽계통으로 독특한 외모를 가지고 있다.

일본정부는 1869년에'개척사(開拓使)'를 설치하여 본격적인 개척사업을 시작하였고, 삿포로(札幌),하코다테 와 같은 도시를 건설하였다. 이때 일본본토에서 수많은 이주민들이 북해도를 향하게 되는데 가장 먼저 이주를 시작한 것은 무사단이었다. 이들은 주로 동북지역의 무사들로서 후쿠시마를 비롯한 센다이(仙台)지역에서 무사단들이 이주하였다. 이후 둔전병(屯田兵), 농민, 종교단체들이 이주를 하여 정착하게 되었다. 여기서 주목되는 이주민들은 무사단과 종교단체의 이주였고, 이들 중에는 후쿠시마출신 무사단과 크리스트교 단체가 적극적으로 이주하였다. 요시다는 앞에서 언급했듯이 후쿠시마라는 지연과 기독교인이라는 인연으로 북해도로 이주하였고, 시기는 1907년으로 최북단인 기타미(北見), 아사히가와(旭川)지역에 정착하게 되었다. 이후 약3천평 규모의 개척지를 받아 1933년까지 살면서 인근지역인 오타루와 삿포로지역에 언론인으로서 활약을 하였다.

이후 당시 식민지였던 조선인을 강제로 징용해서 북해도의 탄광개발에 투입하는 과정에서 수많은 조선인들이 북해도에 정착하게 되었다.

특히 오타루시는 당시 북해도를 대표하는 물류의 중심항구였고, 많은 사람들의 뒤섞여 있어 사건사고가 끊임없이 발생하였다. 이러한 상황에서 1917년에 탄광지역에서 징용으로 끌려온 조선인과 일본인사이에서 집단 난투극이 벌어졌고 결국에는 민족적 감정이 폭발하여 걷잡을 수 없을 정도로 사건이 확대 되었다. 이에 북해도의 관청에서는 재도조선인실태파악(在道朝鮮人實態把握)을 하였고 불량선인을 색출한다는 명목으로 조선인을 출신별, 직업별로 분류하여 철저하게 관리하였다. 이때 분류된 재도조선인의 실태는 다음과 같다.

〈표 1〉 1923년 재도조선인 실태파악(직업별)

취업구조	인원(명)	점유율(%)
광부	640	37.6
인부	194	12.0
막일(土方)	365	22.5
무직	89	6.8
어부	10	0.65
선원	3	0.3
인력거	2	0.2
숙박	4	0.4
창기 및 작부	11	0.7
기타	237	18.4

※ 近代北海道史研究序説내용을정리(桑田眞人,1982,p209)

또한 1923년에 조사된 재도조선인들의 출신지들을 살펴보면 경상남도출신 938명, 경상북도출신 381명, 전라남도출신 182명, 함경남도 출신 446명이였으며, 충청북도 출신은 52명이었다(桑田眞人,1982:p209).

그러나 1923년 이후 조선인들의 수가 급증하게 되어 1940-1945년에는 101.827명이 북해도에 거주하고 있었다. 이와 같이 조사 자료에서 알 수 있듯이 북해도거주 조선인들은 일본당국으로부터 철저하게 관리·감독되었으며 취업구조에서 알 수 있듯이 매우 열악한 환경에서 생활했다는 것이 짐작된다.

한편 최용술은 1910년경 일본으로 건너가서 시모노세키(下關)의 모지(門司)항을 거쳐 교토, 오사카등의 관서지방에서 생활하다가 1913년에 북해도로 갔다. 이는 당시 활발하게 전개되었던 북해도 개척단의 진출 분위기에 따른 것으로, 당시 교토의 아야베(稜部)에서 거주하던 일본 아이키도의 개조인 우에시바 모리헤이도 1912년 북해도로 진출하였다.

최용술은 정착초기의 생활근거지는 명확하게 알 수 없지만 당시 탄광지역으로 개발 중이었던 삿포로와 오타루지역에 생활하였을 것으로 추측된다. 왜냐하면 최용술은 자신의 회고록에서 탄광지역에서 있었던 폭동사건을 설명하면서 자신의 무용담을 얘기했으며, 실제로 1925년에 탄광노동자들의 폭동사건이 있었다. 이후 최용술의 일본거주 주소는 영명록에 자세히 기록되어 있듯이 오타루시에 정착하였다.

최용술은 1913년 북해도의 오타루시(小樽市) 시키나이쵸(色内町)1-45지역에 정착하면서 숙박업에 종사하였다. 그 이유는 현재는 흔적이 남아 있지 않지만 이전에는 여관영업을 하던 곳으로 파악되었으며, 당시 북해도 지역에 남아있던 재도 조선인들의 거주형태, 출신지 등의 기록으로 보았을 때 매우 명확하게 알 수 있다. 1943년에 기록된 영명록에 의하면 최용술은 당시 나이가 39세이고 다케다의 기술강습회에 2회에 걸쳐 20일간 수련한 것으로 기록되어 있다. 기록은 나카가와 타다시(中川 正) 라는 인물과 함께 같은 주소지로 나타나 있으며, 필체도 동일인물이 기록한 것같이 동일한 필체였다(성도원·최종균·백경화,2020:65-79).

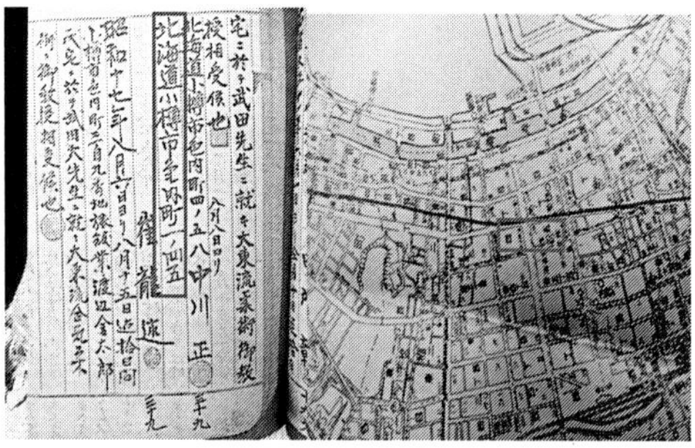

그림 6. 영명록에 기록된 최용술의 주소지와1950년대의 주소지
(출처: 곤도가즈유키 소장의 영명록(좌), 오타루시 지도-현지방문 촬영(우)

이와 같이 최용술은 1913년에 북해도에 정착하게 되면서 숙박업에 종사하면서 대동류 유술을 수련하였다. 그리고 요시다는 1915년2월에 도가루(遠輕)에서 대동류 유술에 입문하였고, 1915년9월에 우에시바모리헤이를 히사다(久田) 여관에서 다케다에게 소개하여 입문시켰다. 다케다는 1920년경에는 자주 북해도를 떠나 일본전역을 다니며 기술전수를 하였고, 이때 조수(助手)로 동행했던 인물은 사가와유키요시였다. 다케다가 북해도지역에 없을 경우에는 요시다고타로, 호리가와 요시미치(掘川幸道),마츠다도시미(松田敏美), 야마모토가쿠요시(山本角義)와 같은 유명한 교수대리 자격을 가진 인물들이 지도를 하였다. 이 시기에 최용술은 대동류에 입문했을 가능성이 가장 높다. 특히 지역적으로 요시다가 삿포로와 오타루지역에서 유권이라는 잡지를 발행하면서 북해도 신문을 발행하는 시기와 지역이 일치한다.

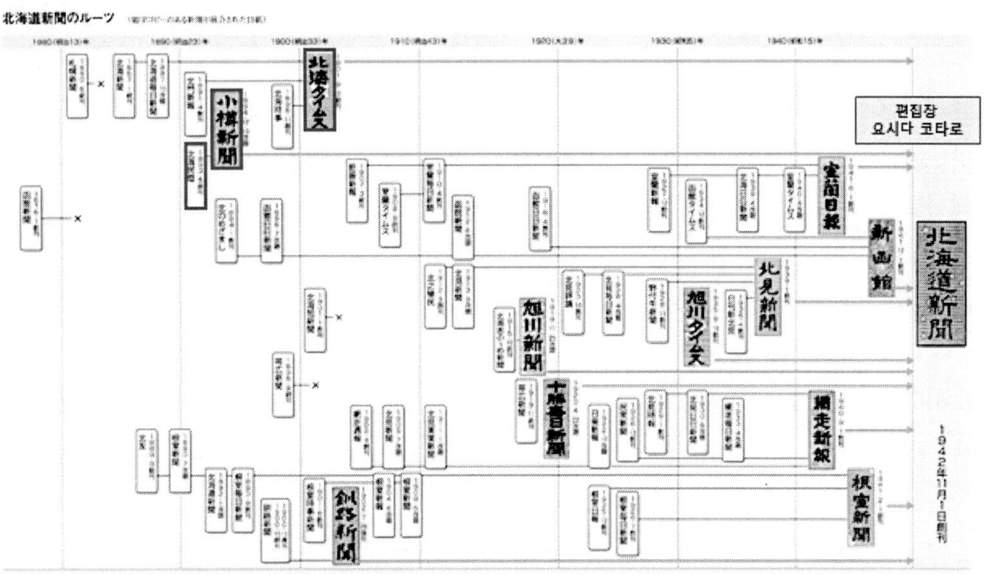

그림 7 북해도신문 통합과정(편집장 요시다고타로 출처:社史 北海道新聞社 https://kk.hokkaido-np.co.jp/joho/syashi/

북해도에서는 1942년에 난립되어 있던 신문사를 하나로 통합했다. 대표적으로 북해타임즈. 아사히가와(旭川)타임즈. 쿠시로(釧路)신문, 네무로(根室)신문, 오타루(小樽)신문 등이었다. 이를 11개의 신문사를 11월1일부터 북해도 신문으로 통합하였으며 편집장으로 요시다고타로가 취임하였다. 이와 같은 통폐합조치는 언론 통제를 목적으로 '1현1지(一縣一紙)'정책이 일본전역에 시행되었기 때문이다. 요시다는 북해도 신문의 편집장과 유권이라는 잡지의 발행인으로 활약하면서 대동류유권술을 지도하는 인물이었다.

3) 무술가 리차드킴(Richard Kim)의 증언

요시다는 당시 매우 드물게 극우 단체인 흑룡회의 일원으로 있으면서 기독교 신자였다.

당시의 국가적, 사회적 분위기에서 요시다가 겪었을 갈등은 매우 컸을 것으로 생각된다. 특히 근세 무사도 정신이 농후하게 남아있을 시대에 서양의 기독교를 신봉하면서 대동류유술과 같은 강력한 국수주의적 무술을 수련한다는 점은 매우 미묘한 캐릭터라고 할 수 있다. 요시다의 스승인 다케다는 극도의 국수주의자이며 보수주의자로 알려졌다. 이러한 점은 제자를 양성하는데 있어서도 서로 다른 입장이었다.

요시다의 제자로는 최용술을 비롯하여 최영의, 리차드 킴(1917-2001)과 같은 외국국적자도 있는 것으로 보아 국제적이고 혁신적인 성격을 가졌으며 신분고하를 문제시하지 않았던 것 같다. 이중에서 리차드 킴은 요시다에 대하여 가장 상세하게 기억하고 있었다. 리차드 킴은 하와이출생자로 유소년시절부터 유도와 가라테를 수련하였으며 상선과 미군에 입대하여 중국과 일본에 가게 되면서 많은 무도가와 교류를 하였다. 일본을 방문하였을 때 요시다로부터 대동류유권술을 수련하였고 육체적인 단련뿐만 아니라 무도의 역사와 철학 등을 익혔고, 대동류유권술의 교수대리 까지 허락 받았다. 리차드 킴은 1956년에 요시다에게 대동류를 수련하면서, 이때 들은 최용술과 요시다의 관계에 대하여 다음과 같이 공식적으로 밝혔고, 이를 한국에서는 그대로 인용하였다,
(https://cafe.daum.net/dojunim)

dated November 26, 1984:
The founder of Hapkido, Mr. Choi -- Japanese name Yoshida, is not related to Yoshida Kotaro, Samurai extraordinary.
Mr. Choi was a student of Yoshida Kotaro. In fact he was an excellent student....중략

Mr. Choi returned to Korea and taught Daito Ryu Aiki Jujutsu. He named it Hapkido which in Japanese is Aikido.

Sincerely,

Richard Kim, Hanshi

1984년에 있었던 리차드 킴의 증언은 최용술과 요시다의 관계를 스승과 제자로 명확하게 설명하고 있다. 리차드 킴 역시도 미국에 돌아가서 동양무술관련 잡지를 출간하였으며 많은 칼럼으로 동양무술을 소개하였다.

그림 8 Richard Kim의 대동류 수련시절
(출처: https://books.google.co.kr/books)
좌:리챠드 킴과 요시다고타로,우:리차드 킴과 오야마
마쓰다츠(좌하-리차드킴,좌상-오야마 마스다츠)

지금까지 대동류유술을 두고 다케다와 최용술의 관계를 증언한 경우는 우에시바모리헤이의 아들이자 2대 도주(道主)인 우에시바 깃쇼마류(植芝吉祥丸, 1921-1999)의 애매모호한 답변뿐이다. 최용술은 일본 아이키도가 한국에 진출하려고 했을 때 당시 아이키도 도주였던 깃쇼마루에게 "본인이 한국에 있는데 감히 허락도 없이 들어오느냐"고 따지자 깃쇼마루는 "선생님이 계신 줄 몰랐습니다."라고 하면서 한국진출을 포기했다고 한다. 그러나 이 내용은 최용술에게 가장 오랜 기간 동안 수련한 한풀의 김정윤과 그의 제자인 파람의 신상득에 의한 전언이다. 다시 말해서 명확한 기록이나 뒷받침 할만한 사료가 없이 단순히 "최용술에게 전해 들었다"는 정도이다.

그렇지만 김정윤과 신상득의 최용술에 대한 연구는 매우 의미 있는 성과 였다. 최용술의 일본행적을 그대로 추적한 결과 상당한 수준의 신빙성 있는 일화를 실제로 증명하였다. 예를 들어 다케다 가문의 전통적인 슈겐도(修驗道)수행 장소와 주변 환경에 대한 자세한 회고를 현지답사를 통해 확인하였다(신상득,2019년11월11일 인터뷰). 그러나 최용술이 다케다에게 대동류를 직접 수련했는지에 대한 의문과 실제로 조수로서의 역할을 했는지에 대한 명확하게 밝혀내지는 못했다. 그렇지만 깃쇼마루의 증언에 의하면 "당시 대동류를 수련한 조선인이 몇 명인가 있었다"는 사실은 부친인 모리헤이로부터 들었으나. 그 조선인이 최용술인지 장인목인지, 혹은 다른 조선인인지는 명확히 알지 못했다는 증언을 할 뿐이다. 결론적으로 리차드 킴은 위에서 설명한 바와 같이 명확하게 최용술은 요시다의 제자라고 명확하게 증언 했다.

4. 결 론

한국합기도의 초기형태인 대동류 합기유권술의 유입과정에 나타난 요시다고타로와 최용술의 관계를 문헌 연구와 현지답사, 그리고 기록에 남겨진 일본에서의 수련 과정을 통해서 살펴보았다.

첫째, 최용술은 지금까지 알려진 다케다소가쿠의 제자가 아닌 요시다코타로의 제자라는 주장이 유력하다. 최용술의 요시다(吉田) 라는 일본이름과 '유권(柔拳)'이라는 무도명칭의 유사사용 했다는 점에서 설득력이 있다. 일본의 엄격한 이에모토(家元)제도와 일자상전(一子相傳)의 전통에서 습명(習名)과 유권술이라는 무술명칭의 일치성에서 본다면 최용술은 요시다고타로의 제자임이 분명하다.

둘째, 당시의 공간적 조건과 시간적 조건, 그리고 지역적 특색에서 보면, 최용술은 북해도의 오타루와 삿포로 지역에서 요시다고타로에게 대동류를 수련한 것으로 파악된다. 최용술은 1913년 북해도의 개척단과 함께 탄광지역에 정착하게 되었고, 주로 숙박업에 종사하였다. 이는 1943년의 영명록에도 직업을 숙박업종사라고 특정되어 있었고, 다케다소오가쿠가 사가와유키요시를 조수로 하여 일본전역을 순회 지도하던 1920년부터 1930년까지 요시다고타로에게 대동류 유권술을 익혔다.

셋째, 최용술의 일본 수련에 대하여 우에시바 깃쇼마루의 증언이 있었으나, 결국에는 최용술이라는 조선인 수련자에 대해 특정하지 못했다. 그러나 요시다 고타로의 제자인 무술가 리차드 킴은 최용술의 이름을 정확하게 특정하면서, 그는 요시다 고타로의 제자임을 명확하게 증언하였다. 이러한 이유로 최용술은 합기유권술을 흑룡회 회원인 요시다고타로에게 수련을 하였으며, 1946년에 귀국하여 대구에 대한합기유권술협회 도장을 개관하였다. 이후 지한재의 성무관, 김무홍의 신문관, 서인혁의 국술관 등으로 확산되면서 단순한 관절기술 체계에 발차기와낙법, 그리고 다양한 무기술이 개발되어 현재의 한국형 합기도를 만들었다. 요시다의 합기유권술은 대동류 유술과는 다른 독특한 기법이 개발되었는데, 특히 호신기법을 특화시킨 철선鐵扇),, 단봉, 우산술, 지팡이술기와 같은 기법은 대동류의 다른 유파에서 찾아볼 수 없는 독특한 기술이다. 이러한 요시다계열의 기법은 한국합기도의 기법에서 볼 수 있는 초기의 기법이라고 할 수 있다. 이후의 연구과제로는 요시다계열의 기법과 유사한 지비키의 일본유권술협회 기술, 그리고 같은 제자로 알려진 일본쇼린지겐포의 기술을 비교하여 한국합기도의 원형적 도제 및 기법을 파악할 필요가 있다. 결론적으로 지금까지 견고하게 지지되어 오던 최용술의 다케다소오가쿠 내제자설, 양자설, 계승자설은 미화된 사실이며, 흑룡회원인 요시다고타로의 제자라는 사실이 보다 명확해 졌다.

참고문헌

김이수 · 김종필(2001),덕암최용술에 관한 초고, 대한무도학회지,3권1호.

김정환 · 김주연(2014).대동류유술의한국유입과대한기도회설립및분열과정, 한국체육사학회지,19(3).

손대준(2002). 일본은 어떤 나라인가. 서울: 도서출판 박이정.

성도원 · 최종균·백경화(2020).대동류합기유술의 영명록과 사례록에 보이는 최용술의 일본수련과정에관한연구,대한무도학회지,22(2).

최종균(2008),日本右翼勢力과 講道館柔道의 국내유입에 관한 연구:우치다료헤이(內田良平)의黑龍會를중심으로,대한무도학회지.10(1)

합기도교본(2019),(사)대한민국합기도총협회 발간.

合氣News(2009),武田惣角大東流合氣柔術:神奈川縣,,合氣News.

桑田眞人(1982).近代北海道史序說:北海道,北海道大學圖書刊行會.

吉田幸太郎(1993). 選擧哲學:北海道, 杉山定香.

塩見俊一(2008).戦後初期日本{におけるプロレスの生成に関する一考察,—１９５０年代におけるプロ柔道の展開に着目して—,立命館産業社會論集,第43(４).

〈인터뷰 자료〉

신상득, (2019.11.11.) 충남천안

近藤勝之,(2021.)日本目黑大東流合氣柔術總本部

〈인터넷자료〉

https://ja.wikipedia.org/wiki (2022.6.29)

https://aikidojournal.kotaro-yoshida. (2023.7.29)

http://www.taikyokuken.co.jp/goshin. (2023.8.29)

https://kk.hokkaido-np.co.jp/joho/syashi (2023.8.29)

https://cafe.daum.net/dojunim/tTC/8 (2021.10.29)

https://aikidojournal.kotaro-yoshida (2022.8.29)

목 차

1

필리핀의 역사와 아르니스 역사 (HISTORY OF ARNIS)

1 필리핀의 역사와 아르니스 역사 (HISTORY OF ARNIS)

1) 필리핀의 역사

필리핀은 남북으로 북위 약 4-21도에 걸쳐 있으며 크고 작은 섬 7.000여개로 이루어진 도서 국가이다. 그리고 환태평양 화산대와 지진대가 지나가고 있어 화산과 지진이 잦은 곳이기도 하다. 필리핀 역사의 주된 지역은 북쪽의 루손과 남쪽의 민다나오 섬. 그리고 가운데 위치하는 비사야스 지역과 민도르, 팔라완 섬 등이다.

필리핀의 전통사회는 스페인에 의해 통일체가 이루어지기 이전의 사회를 의미하며 바랑가이(Barangay)라는 독특한 사회구조를 이루며 살아왔다. 바랑가이란 원래 말레이족 정착민들이 보르네오 섬에서 필리핀으로 타고 온 배의 이름인 발랑가이에서 유래했다고 한다. 각 배에는 대가족이 타고 있었으며, 배의 선장은 가족 정착마을의 지도자인 다투(Datu)가 되어 정치, 경제, 행정 그리고 종교 등을 통솔했다. 바랑가이 각 마을에는 30~100가구가 살았으나 서로 고립된 상태로 존속했고, 필리핀 군도 어디에서도 큰 정치집단으로 형성되지 못했다. 이러한 사실은 16세기에 스페인이 필리핀을 수월하게 정복할 수 있었던 요인이 되었는데, 이것은 원주민의 저항이 고립 분산적이어서 전혀 단결되지 않았기 때문이었다. 스페인 정복자들은 바랑가이를 각 섬에서 지방행정의 기초단위로 삼았다.

필리핀은 1521년 마젤란(Ferdinand Magellan.1480-1521)에 의해 유럽인들이 필리핀을 발견했다. 필리핀이라는 국명도 당시 스페인의 국왕이었던 펠리페2세에서 비롯되었다. 이후 필리핀 북부·중부 지역이 무력으로 스페인 식민지가 되었고 주민들은 로마 가톨릭으로 개종했다. 이후 필리핀은 스페인에 의해 약400년 간 지배 되었으며, 1898년 미국-스페인 전쟁 뒤 필리핀 제도는 미국에 할양되었다. 필리핀의 독립운동은 1906년까지 계속되었으며 1935년 독립을 꾀하기 위해 필리핀 연방이 수립되었지만 제2차 세계대전과 뒤이은 일본의 침략과 점령으로 인해 지연되었다. 필리핀은 1945년 미군에 의해 해방을 맞이한 후, 1946년 7월 4일 미국 정부를 모태로 정부를 세우고 공화국 수립을 선포했다. (https://100.daum.net/encyclopedia/view)

필리핀과 한국의 외교관계는 1949년 수립되었고 1950년에 발발한 6.25전쟁에도 참전하였고 1954년 한국과 필리핀에 각각 대사관이 설치됐다. 현재 수도는 마닐라이고 공식

언어는 타갈로그어와 영어가 공용어로 사용되고 있다. 필리핀의 현재 인구는 1억 명이 넘어섰으나 경제정책의 실패로 인하여 빈부 격차가 매우 심하고 주거 및 교육, 그리고 치안 등 사회적 인프라가 매우 취약하다.

2) 라푸라푸(Lapu-Lapu, 1491-1542)

마젤란은 향신료를 구하기 위해 스페인을 출발하여 1521년에 약1년8개월의 항해 끝에 필리핀의 세부섬에 위치한 세부 왕국에 도착했다. 세부에 도착한 마젤란은 향신료를 찾아보았지만 세부에는 향신료가 없었고 대신 카톨릭을 전파하기 시작하였다.

당시 세부왕국은 라자 후마본이라는 왕과 막탁섬의 왕인 라푸라푸가 세력다툼이 있었고 마젤란은 라마 후마본의 요청으로 최신무기로 무장하고 전투에 참가하게 되었다. 막탄 전투로 불리우는 이 전투에서 마젤란은 라푸라푸군대에게 붙잡히게 되었고 결국 전사하게 되었다.

마젤란이 전사한 후에 엘카노를 주축으로 스펜인 선원들은 스페인으로 귀국하게 되었고, 이때부터 유럽사회에 필리핀의 존재가 알려지게 되었다.

이후 스페인은 본격적으로 필리핀을 식민지배하기 위해 원정대를 파견하게 되었고 이때 스페인국왕이었던 펠리페2세(FelipeⅡ de Habsburgo)의 이름을 따서 라스 이슬라스 피리피나스로 명명하였다. 현재 식민지배라는 이미지가 강한 국가명인 필리핀을 새롭게 마할리카(말레이시아어로 자유, 산스크리트어로는 고귀한 핏줄이라는 의미)로 변경하기 위한 노력을 하고 있다.

(https://www.google.com/search)

한편 당시에 마젤란을 상대로 전투를 벌린 막탄섬의 왕인 라푸라푸는 현재 필리핀의 국가적인 영웅으로 기념되고 있으며, 당시에 라푸라푸가 사용된 무기인 볼로(필리핀의 전통칼)는 필리핀의 전통 도검으로 알려져 있다.

3) 아르니스 역사(HISTORY OF ARNIS)

아르니스는 필리핀의 국기(國技,National Sports)이다. 필리핀은 도서국가로서 오랜 역사와 전통을 가지고 있다. 아르니스(ARNIS) / 칼리(KALI) / 에스크리마(ESCRIMA) 는 이러한 오랜 역사적 전통을 배경으로 계승되어져 왔으며, 그 내면에는 필리핀의 문화와 애환이 담겨져 있다. 그러므로 아르니스를 수련한다는 것은 필리핀의 역사와 문화를 이해하는데 중요한 단서가 될 수 있다. 아리니스는 오랜 실전경험을 바탕으로 형성된 체계화된 기법이 녹아 있으며 그 기법은 전 세계적으로 군대와 경찰을 중심으로 실전성이 인정되고 있으며 특히 많은 나라에서 무기조법으로 응용되고 있다.

또한 아르니스는 지금도 종교와 문화, 그리고 국가라는 틀에서 벗어나 세계적인 신체문화로서 발전되고 있으며, 필리핀에서는 맨손무술, 무기술, 호신술과 같은 여러 영역의 기법을 망라한 종합무술로서 평가를 받고 있다.

1521년 4월27일 세계 일주를 기록한 마젤란과 피가페타(Pigaffeta)는 오늘날의 세부섬에 도착하게 된다. 그때 이들과 맞서서 저항한 필리핀 부족장은 라푸라푸(Lapu-Lapu)이며, 마젤란은 그들에 의해 죽음을 맞이하게 된다. 이때 라푸라푸가 사용한 무기가 산시발 브레이드(SANSIBAL BREAD)라는 아르니스의 무기의 일종이 된다 피그페타의 기록에도 원주민이 매우 강력한 스틱을 휘두르며 자신들을 공격하였다는 역사적인 사실이 남아 있다. 이러한 기록으로 본다면 초기의 필리핀의 무기와 무기조법은 이미 그 당시부터 다른 유럽 국가를 중심으로 전해졌을 것으로 추측된다.

스페인의 함대가 필리핀 지역에 재침입한 것이 1570년이다. 이때는 최신 무기로 중무장한 스페인 함대를 이겨낼 수 없었고 결국은 스페인이 지배하에 처하게 되었다. 이때 스페인지배층은 필리핀 원주민의 전통적인 무술인 아르니스 / 칼리 / 에스크리마의 수련을 금지시켰고 무기의 휴대 또한 철저하게 금지 시켰다. 그러나 이러한 강력한 방침을 피해 전통무술을 계승하기 위하여 제의적 의미의 춤, 퍼포먼스, 그리고 모의 전쟁놀이(Mock)와 같은 형태로 그 명맥을 유지하게 되었다. 이러한 형태의 신체문화는 가족단위를 중심으로 세대와 세대를 통해 이어져 왔다. 특히 퍼포먼스 안에 담겨진 신체움직임, 기법, 스피드, 기법의 정확성 등이 강조되면서 전승되었다.

말레이어에 어원을 둔 칼리(Kali)의 명확한 어원은 데마노 뚜목(Demano Dumog)에서 비롯된다. 다시 말해서

아르니스(ARNIS) 무기(Blade)
데나노(Denano) 맨손
뚜목(Dumog) 그라운드 기술

또 다른 주장은 아르니스는 칼의 형태인 브레이드를 의미하고 칼리는 인도네시아어로 "트자케레레Tjakelele"이며 이 말은 인도네시아어로 펜싱 또는 '카리'라는 의미를 가지고 있으며, 에스크리마는 스페인어로서 펜싱과 칼날을 의미하는 용어라고 할 수 있다.

그리고 소수의 아르니스 관련책자에서는 스페인어의 "아르네스(ARNES)"에서 비롯되었으며 이 아르네스는 영어의 "하르네스(HARNES)"의 의미로 해석하였다. 또한 이 용어에는 중세시기의 전사들과 스페인의 식민지 시절의 모로모로(Moro-Moro:무슬림 전사)들이 착용한 화려한 색상의 갑옷과 장구를 의미한다는 주장도 있다.

아르네스는 사전적로 명확한 번역어가 없지만, 현재의 가장 명확하게 의미하는 것은 'Republick Act: 9850'에 명시된 내용이다. 이 내용에 의하면 "필리핀의 국기를 아르니스로 규정하고, 아르니스는 필리핀을 대표하는 전통무술의 의미로 규정 한다"라는 내용으로 이루어져 있다.

아르니스에는 맨손과 무기술로 구성되어 있으며 격투적 의미의 종합무술을 포함한다고 규정하였다.

A-R: ARMAS　N-E: Nuestra　S: Si senior

현재 아르니스에는 스페인의 영향이 많이 남아 있다. 무기의 명칭뿐만 아니라 기법의 명칭이나 트레이닝 방법도 스페인의 영향이 짙게 남아 있다. 그러나 아르니스는 필리핀의 문화적 유산으로서 필리핀의 역사적 배경과 애환을 중심으로 계승 발전되어 왔다는 것은 명백한 사실이다. 그 증거로 아르니스의 무기술은 필리핀의 전통적인 무기기법을 중심으로 구성되어 있으며 맨손기법도 필리핀의 몸짓을 중심으로 이루어져 있다. 아르니스에는 스포츠적인 경기요소와 무투(武鬪)적인 요소, 문화적 요소가 담겨져 있는 신체문화로서 필리핀 사회에서는 인식 되고 있다.

1972년 필리핀 정부는 아르니스에 대하여 필리핀 전통무술과 국가 스포츠로서 육성하면서, 교육문화부와 스포츠관련 기관에 정규체육과정으로 편입시키게 하였으며, 이후 고등학교와 대학을 중심으로 신체교육의 교재로 채택하였다. 또한 내셔널게임의 정식종목으로 인정하였다.

현재 아르니스는 2009년부터 법령인 'Article 9850'에 의해서 필리핀의 국가 무술과 스포츠로서 공식적으로 인정되고 있으며 군대와 경찰에 활발하게 보급 되어 있다.

HISTORY

The Philippines is an island nation rich in both culture and history. The Filipino martial art of Arnis/Kali/Escrima has contributed to both the history and diversity of the Philippines. There are an abundance of styles and systems of Arnis/Kali/Escrima that are taught throughout the world to this day, that have survived and developed throughout the different regions, families, and teachers who have preserved what is sometimes called a "complete" martial art.

The chronicler of Magellan, Pigafetta, recorded that on April 27, 1521 Filipino chieftain by the name Lapu-Lapu killed Magellan, with a bladed weapon. Pigafetta also reported that the warriors who fought with Magellan wielded hardwood stick which were hardened with fire from this historical fact, it is surmised that early and pre-Spanish Filipino were experts in a form of martial arts which utilized bladed instruments as well as weapons crafted from other materials.

The Spanish returned in the 1570's and this time Philippines came under Spanish rule unable to contend with the modern weaponry the Spanish used. The practice of Arnis/Kali/Escrima was prohibited, but continued and was preserved through native ritual dance, performance, and mock battles. Thus the arts were passed down in families from generation to generation. Honing their skill, speed, accuracy and agility.

The Malay term "Kali" was the original name of these Martial arts which today is known as Arnis Demano Dumog. A complete martial arts which means.

Arnis is weapon (Blade)
Demano is empty hand
Dumog is grappling (ground fighting)

Or Arnis for short means Blade. Kali is believed to be construction of an Indonesian word, "tjakelele" which means is a form of Indonesian native fencing in short KALI means Blade and Escrima is Spanish terminology from the fencing which means Blade.

Author of books on Arnis claim that term was derived from the Spanish word "ARNES"(the English "Harness") which were colourful rigouts and appendages on protective armours worm by soldiers during the Medieval Period and utilized in moro-moro plays staged during the Spanish colonial period in the Philippines.

ARNES-is NO or correct interpretation of meaning in Dictionary only what we know is R.A.9850 means National Martial Arts and Sports of the Philippines, or Arnis is generic name term for the Deadly Martial Arts of the Philippines. It contains both bare hand and weaponry arts everything that has got to do with fighting. or

To this day Arnis/Kali/Escrima has retained a strong Spanish influence not only in the names and titles use in training, but in the impact it has had on Filipino culture, Filipino Martial Arts continue to encompass a large range of weapons training and hant-to-hand combat, enriching the culture of Filipino society. It has also become very popular in the sport aspect, combat aspect, cultural aspect, sports aspect, and practical aspect.

Thus the reference to it being complete martial arts. In 1972, the Philippine government included Filipino martial arts into the national sports arena. The Ministry of Education Culture and Sports also incorporated then into the physical education curriculum for high school and college student. Include arnis as a National Games.

Now Arnis being declared as the National Martial Arts and Sports of the Sports of the Philippines by virtue of Republic Act 9850 which signed into 2009, knowledge of the Filipino skill is mandatory in the Philippine military and police.

2

아르니스 현황

1) 아르니스의 양분화

2 아르니스 현황

1) 아르니스의 양분화

현재 필리핀에서 시작된 칼리 / 아르니스 / 에스크리마는 수많은 스타일과 조직으로 매우 복잡하다. 이러한 현상은 필리핀 아르니스 지도자들과 중앙정부의 아집과 독점욕, 그리고 무관심으로 일관한 것이 큰 원인으로 꼽힌다. 또한 도서국가라는 특성과 신체문화에 대한 일천한 인식이 이러한 분열상을 가져온 요인이라고 할 수 있다.

필리핀의 전통신체문화로 이어져 내려오던 칼리 / 아르니스 / 에스크리마는 현대에 들면서 큰 변화를 가져온다. 특히 전통성을 강조하는 계열과 아르니스의 현대화를 도모하는 계열로 크게 양분되기 시작하였다.

여기서는 주로 모던 아르니스의 역사와 현황에 대하여 살펴보기로 한다.

(1) 레미 프레샤(Remy Presas)와 모던 아르니스의 성립[8)]

실전 전투기술로만 이루어 졌던 전통아르니스에 새로운 변화를 가져온 대표적인 인물이 모던 아르니스(Modern Arinis)의 창시자로 일컬어지는 레미 프레샤(Remy Presas, 1937-2001)이다.

그는 1937년 필리핀의 비샤야스(Visayas)지방인 네그로스(Negros)에서 태어났다. 어렸을 때부터 그는 전통아르니스의 고수 였던 조부(Leon Presas)에게 당시에는 에스파다 다가(Espada daga-Sword and Dragger)라는 전통아르니스를 익혔다. 또한 당시 점령군이었던 일본제국군과 치열한 전투를 치른 경험이 있던 부친(Jose Presas)으로부터 실전아르니스를 수련하였다.

이후 레미는 12세가 되던 해에 당시에 유행했던 진검 결투를 목격하게 되었는데, 이때 레미는 아르니스의 잔혹성에 대한 의문이 일기 시작하였다. 아르니스를 보다 흥미롭고 안전한 무술로서 변화시키는 것에 아르니스의 수련의미를 두어야 한다고 생각하였고 이후 이에 대한 연구를 꾸준히 계속하였다.

레미의 이러한 생각에 큰 변화가 일어난 것은 1949년경이었다. 레미는 보다 큰 무대에

---

8) 이 내용은 Rick Mitchell이 『Kung Fu』라는 잡지에서 1990에 레미 프레사스와 인터뷰한 내용을 중심으로 구성하였다.
Rick Mitchell(1990),REMY PRESAS:Rising Life for his Art,INSIDE KUNG-FU, pp35-39.

진출하기 위하여 세부 섬으로 가게 되었고 그 곳에서 그랜드 마스터인 로돌포 몬칼(Rodolf Moncal)을 만나게 된다. 몬칼은 '크로스 쿼터(Cross Quarter)'라는 스타일의 대가였으며 레미는 그에게 크로스 쿼터 스타일을 수련하였다. 이 크로스 쿼터는 '발린타왁(Balintawak)'이라는 이름으로 아르니스에 널리 알려지게 되고, 다른 말로는 '디키탄(DIKITAN)'이라는 용어로 모던아르니스에는 사용하고 있다. 레미는 발린타왁을 2년간 수련하고 귀향하게 되었고 네그로스에서 그가 익힌 기법을 선보이게 되었다. 그러나 얼마 지나지 않아 자신의 부족한 부분을 느끼고 다시 세부로 돌아갔다. 이때 세부시의 경찰이자 몬칼의 인스트럭터였던 티모테오 마랑가(Timoteo Maranga)를 만나게 되었고, 세부에서 개최된 대회에 참가하게 되었는데 이때 세부의 그랜드마스터인 베난시오 바콘(Venancio Bacon)과 인연을 맺게 되었다. 이런 인연으로 세부에서 4년 동안 아르니스를 본격적으로 수련하였다.

레미는 1956년 다시 귀향하게 되었고 1957에 최초로 자신의 도장을 설립하였다. 가장 시급한 것은 아르니스의 이미지를 새롭게 하는 것이었다. 웨스트 네그로스 대학에서의 아르니스 시범을 계속 보였고, 이에 따라 점차 많은 사람들이 새로운 아르니스를 인정하게 되었다.

이후 1961년에 네그로스의 드살라(De Salle Univesity)대학에 가게 되어 그곳에서 유도와 쇼토칸(松濤館) 가라테, 그리고 아마추어 레슬링을 지도하게 되었다. 필리핀의 모던 아르니스에 유도와 가라테의 영향을 받게 되었다.

1967년 마닐라로 이주하여 내셔널 대학(National University)의 체육학과에서 아르니스를 지도하게 되었고, 이때 필리핀 전역에서 많은 체육지도자들에게 모던 아르니스를 가르치게 되었다. 이후 이들이 필리핀 전역에 진출해서 모던 아르니스는 많은 학생들이 학습교재로서 수련하게 되었다.

또한 보다 체계적으로 모던 아르니스를 보급하기 위하여 1967년부터 조직구성에 착수하여 1971년 필리핀 모던아르니스 협회(IMAF: International Modern Arinis Federation, PAA: Philippine Arnis Association) 를 창립하게 되었다. 그리고 지도교재와 표준 기수체계의 필요성에 따라 1974년 "Modern Arnis"를 출판하였고,1976년에 "The Practical Art of Eskrima"를 출판하였다.

그러나 순조롭던 모던 아르니스의 보급이 커다란 위기를 맞게 되었다. 그것은 필리핀정부의 입김이 작용해서 별도의 아르니스 조직(NARAPHIL: National Arnis Assocation of the Philippine)이 만들어져 아르니스 관련 단체들을 흡수 통합하게 되었다. 이러한 과정에서 조직구성에 대한 갈등으로 인하여 신변의 위협을 느낀 레미는 1975년 미국으로 망명 아닌 망명을 하게 되었다.

이후 미국에서 정착하면서 미국전역에 아르니스를 보급하게 되었고, 이후 정치적으로 자유로워진 레미는 1985년이 되어서야 잠시 필리핀으로 귀국하였고, 이후 수차례 미국과 필리핀을 오가면서 아르니스를 보급하였다. 레미는 2001년, 미국에서 뇌질환으로 사망하였고 시신은 필리핀에 옮겨져 영면하였다.

(2) 레미 이후의 모던아르니스

레미의 사망으로 인하여 모던 아르니스는 수많은 계열로 흩어지게 된다. 대표적으로 레미의 친동생인 에르네스토 프레사(Ernesto A.Presas: IPMAF·RIP), 로베르토 프레사(Roberto A. Presas: Hinigan ARNIS De Mano)가 각각 독립단체를 만들었으며 각 국가별·지역별로 모던 아르니스는 독립적으로 자생의 길을 걷게 된다.

그렇지만 레미의 모던 아르니스 계열의 중심 라인은 로란드 단테스(Roland Dantes)와 윌리 아난(Willy Annang), 고도프레도 파하르도(Godofredo Fajardo)등에 의해 주도 되었다. 단테스는 주로 미국을 중심으로 하는 해외에서 주로 활동하였고, 그의 지도에 따라 많은 아르니스 지도자들이 배출되었다. 단테스는 유명한 보디빌더이자 영화배우로서 많은 활약을 하였으며, 그를 통해 모던 아르니스는 많은 홍보효과를 보았다.

윌리 아난 역시도 대표적인 모던아르니스의 그랜드 마스터이다. 그는 필리핀의 국립경찰에게 최초로 모던 아르니스를 지도하였고, 이를 계기로 경찰무도로서의 아르니스 위상을 제고하였다.

고도는 필리핀 컴뱃마샬아트연맹(FFAI)을 창설하였으며, 2001년부터 2009년까지 주로 사우디아라비아, 요르단, 시리아, 이집트 등과 같은 중동국가에 모던아르니스를 지도하였으며, 현재도 많은 제자들이 국가별 독립단체를 조직·운영하고 있다.

대표적으로 사우디아라비아의 유단자들을 중심으로 만들어진 Filipino Fighting Arts International-Kingdom of Saudi Arabia(FFAI-KSA)는 현재도 매년 대회와 세미나를 통해 아르니스를 보급 하고 있다.

특히 고도는 필리핀 대학의 범죄학과(Criminology)와 체육(Physical Education)학과를 중심으로 모던 아르니스를 지도하고 있으며, 현재 마닐라를 중심으로 U.S.T(University of Santo Tomas), EARIST, IPLC, ARLLNO Univ 등의 대학에서 아르니스를 지도하고 있다. 아래 그림은 현재 모던 아르니스계열의 흐름을 정리한 것이다.

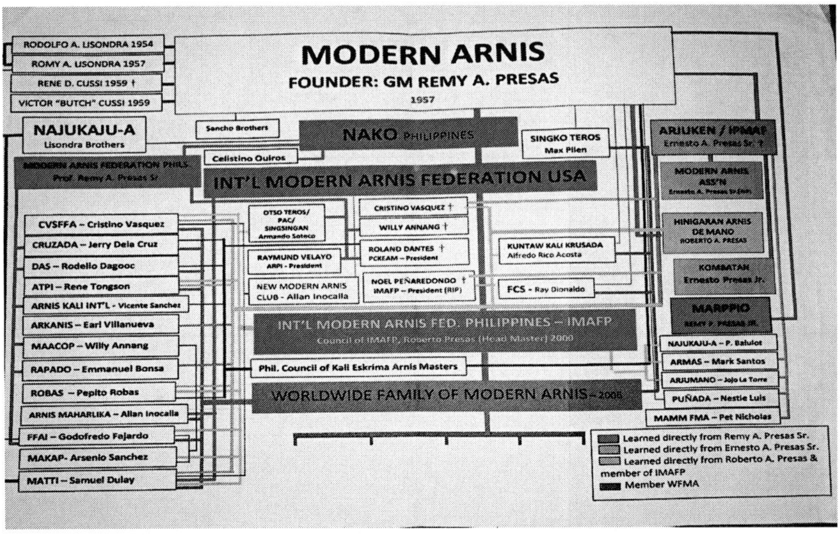

〈그림 1〉 전통 아르니스계열과 필리핀 아르니스 조직(Pekaf)

〈사진 2〉 모던 아르니스 쿠도계열 한국 세미나

3

기본 몸 풀기
(Warming-up Exercise)

1) 몸 풀기 동작 순서
2) 스틱 몸풀기
3) Double Cane Stick Exercises

3 기본 몸 풀기 (Warming-up Exercise)

모든 스포츠와 마샬아츠Martial Arts에는 그 종목 특성에 맞는 몸 풀기 방법이 있다. 일반적으로 몸 풀기를 통해 그 종목의 기법특성을 알 수 있고, 수련자들이 부상으로부터 안전하고 보다 효율적으로 수련을 위한 매우 중요한 기본이라고 할 수 있다.

몇몇 전통아르니스의 워밍업 방법에는 "포텐셜 dangerous"이라고 해서 주로 몸통운동과 목운동을 강조한 방법이 있다.

As in all sports and martial arts, a warm-up is necessary before undertaking any physical workout. However, one must make sure that the warm-up exercises are effective and safe. Some of the traditional warm-up exercises performed in Arnis, taught by teachers of the martial art, have been identified as "potentially dangerous", especially those involving the neck and trunk.

우선 머리를 들어 뒤로 최대한 젖히거나 또는 앞으로 원을 그리듯 숙이는 동작, 그리고 경동맥을 자극하여 두개골의 미세한 운동을 자극하는 것은 아르니스 만의 독특한 워밍업 방법이라고 할 수 있다.

그리고 관절과 관절의 가동영역을 넓히는 동작을 주로 하며, 이를 통해 관절의 상해에 대한 상해 저항력을 높인다. 특히 경추부의 워밍업은 천천히 반복적으로 실시하며 긴장을 완화시키는 정도의 강도로 시행해야 한다. 몸통운동의 경우 앞으로 몸통을 숙이는 동작과 반대로 뒤로 젖혀 몸통을 이완시키는 동작을 반복적으로 실시하며, 무릎운동의 경우에도 스쿼드 동작을 중심으로 무릎관절의 워밍업을 시도한다. 아르니스의 시합동작에는 무릎동작의 신전과 굴신의 동작이 많이 수반되므로 이를 강화하는 운동방법이 중요하다. 이 동작을 통해 좌골신경에 대한 압박을 가할 수 있으며 하체부위의 통증과 상해를 예방할 수 있다. 몸통 운동이 안전하게 끝나면 무릎과 발목의 굴신운동을 통해 안전하고 부드러운 동작이 이루어 질 수 있도록 한다.

유연성 스트레칭운동을 통해 근육과 인대의 온도상승을 동반하여 부상예방 차원에서 실시하며 이후 예비 운동으로서 가벼운 조깅과 순발력운동, 평형성 운동, 근지구력 운동을 강화시키는 워밍업 연습이 반드시 수반되어야 한다.

1) 몸 풀기 동작 순서(The Following are Suggested Warm-up Exercise)

(1) 가벼운 조깅- 약 5분 정도

Jog around the gym or instructional area for three minutes. Longer if time is available.

(2) 넥 로테이션(Neck Rotation)

. 시계방향으로 목을 가볍게 돌리면서 풀어준다.
. 시계반대방향으로 목을 돌리면서 풀어준다.
. 목 부위 뒤를 양손으로 잡고 앞으로 숙여주고, 손을 사용하여 목을 뒤로 젖혀주는 운동을 반복한다. 이때 가급적 강한 강도로 목 부위를 신전시켜 긴장시킨다.

Slow neck rotation

a) Slowly rotate the neck counter clockwise,(ct.1)
b) Rotate slowly in clockwise direction,(ct.2)
c) Repeat for a total of eight counts. In doing this exercise do not overextend or hyper- extend the neck backward or forward. A full neck rotation in one direction should not be less than five seconds.

(3) 어깨운동(Shoulder Joint Rotation)

. 천천히 어깨 부위를 앞, 옆, 뒤로 돌리면서 스트레칭 한다.

. 같은 동작을 반대방향으로 실시하고 가급적 어깨관절의 가동영역을 최대한으로 하여 실시하도록 한다. 어깨를 돌리는 동작에서도 가급적 귀 부위를 스칠 정도로 실시하는 등 관절 가동영역을 최대한으로 하여 실시하도록 한다.

Slow shoulder Joint Rotation

Slowly rotate arms form the shoulder joints forward, upward, ackward and downward,(ct. 1 and repeat for eight more counts).

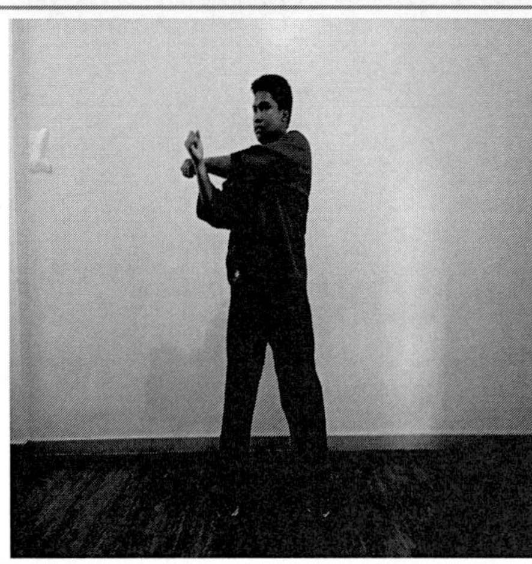

(4) Static Trunk Twisting

. 10초 동안 팔을 최대한으로 들어 올려 좌우로 천천히 돌려준다. 그리고 왼쪽과 오른쪽 방향으로 몸을 틀어서 한 방향에서 숙이거나 젖힌 상태로 동작으로 멈추어 근육을 이완시킨다. 같은 방법으로 반대쪽도 실시하도록 한다.

Static Trunk Twisting

Raise the extended arms sideward and slowly twist the trunk from the waist fully to sideward left, and maintain this position for ten seconds, (ct. 1)

Do the same with the other side, (ct. 2). Repeat for two counts each side.

(5) 하프 스쿼트(Half Squats)

. 어깨 넓이로 스탠스를 취한 뒤 몸통을 일직선으로 세우고 뒤꿈치 부위를 일직선상에 놓은 후 밸런스를 유지하면서 적당한 부하를 주면서 실시하도록 하며, 가급적 무리하게 깊은 동작을 하게 되면 부상의 위험이 있으므로 주의하도록 한다. 대퇴부가 지면과 평행이 되도록 하여 굽혀주고 다시 원래 상태로 돌아오는 동작을 되풀이 하며 실시한다.

(6) Slow half-squats

a) Do half-squats slowly by first bending the knees until the thighs are parallel to the ground, (ct. 1) and return to standing position,

b) Repeat for 8 counts. In doing the exercise, the feet should be spread about shoulder wide; the trunk is kept straight up, and the heels flat on the ground throughout the exercise in order to maintain good balance. Do not do full squats as this is harmful to the knees.

2) 스틱 몸풀기(Stick Exercise)

모든 스틱 연습법은 두 개의 스틱을 사용하여 하도록 하며 오픈 스탠스를 취한 뒤 잡을 스틱을 이용하여 오른쪽, 왼쪽 앞, 뒤, 콤비네이션과 같은 방법으로 실시하여 손목과 어깨, 그리고 하체운동을 동반하는 방법으로 실시하도록 한다.

All stick exercises are performed with two sticks, one in each hand, and with the Open Leg Stance; however, as progress is made, the stick exercises (Right and Left Forward and Backward, combinations) in order to warm-up not only the wrists and arms, but the legs and feet as well. The difference between wrist rotation and wrist circling should also be noted. In the former, the wrist is moved only halfway along the axis of the wrist joint; in the letter, the whole wrist joint is moved in a complete circular motion.

(1) 스틱 몸 풀기- 스틱의 중간을 잡고 팔을 들어 올린 후 손목 돌려주기
(Arms Extended Wrist Rotation-Middle Grip)

- 스틱의 중간 부위를 잡은 후 손목을 돌려가면서 스틱을 앞과 뒤 쪽 방향으로 돌려주며, 약 21회 반복하여 실시하도록 한다.

Starting Position : Hold the sticks at the middle and pointing vertically upward, knuckles facing back.

a) Rotate the wrists forward and backward alternately and continuously,

b) Repeat in set of 1 to 8 reverse in 16 counts.

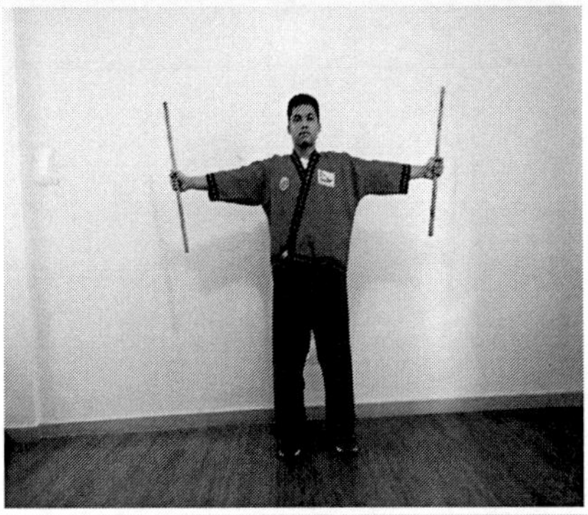

(2) 스틱 몸 풀기- 크로스 동작(Crossed Arms Wrist Rotation)

스틱의 중간 부위를 잡고 양손을 가슴 앞 부위에서 교차해서 앞뒤 방향으로 손목을 돌려 가면서 실시한다. 약 21회 반복하여 실시하도록 한다.

Starting Position : Hold sticks at the middle and cross the arms in front of the chest with the sticks pointing vertically upward, knuckles facing forward.

a) Rotate the wrist forward and backward alternately and continuously,

b) Repeat in set of 1 to 8 reverse in 16 counts.

(3) 스틱 몸 풀기- 손목 익스텐션 & 돌려주기(Arms Extended Wrist Rotation - Middle Grip)

스틱의 중간부위를 잡은 후 양팔을 지면과 수직으로 하여 일직선으로 편후 손목만을 이용하여 스틱을 앞뒤로 빠르게 돌려준다. 21회 반복하여 실시한다.

Starting Position: Hold the sticks at the middle and pointing vertically upward, knuckles facing back.

c) Rotate the wrists forward and backward alternately and continuously;

d) Repeat in set of 1 to 8 reverse in 16 counts.

(4) 스틱 몸 풀기- 팔 교차(Cross) 로테이션

4-Stick Exercises No.4-Crossed- Arms Wrist Rotation

동작은 스틱의 중간 부근을 잡고 좌우측의 팔을 가슴부위에서 교차해서 앞뒤로 손목의 회전을 이용하여 돌려주는 동작이다.

Starting Position: Hold sticks at the middle and cross the arms in front of the chest with the sticks pointing vertically upward, knuckles facing forward.

a) Rotate the wrist forward and backward alternately and continuously;

b) Repeat in set of 1 to 8 reverse in 16 counts.

(5) 스틱 몸 풀기-날개 스트레칭(Wing Stretcher)

5-Stick Exercises No.5-Wing Stretcher

스틱의 중간 부위를 잡고 팔을 일직선으로 최대한으로 펴서 스틱을 손목관절을 이용하여 앞뒤로 회전시킨다는 감각으로 실시한다.

Starting Position: Hold the sticks at the middle and extend arms sideward with the sticks pointing horizontally forward.

a) Cross arms in front of chest, with Right arm over Left arm, but of sticks facing forward,

b) Uncross arms and extend them sideward to starting position,

c) Repeat a, but this time place L arm over R arm,

d) Repeat in set of 1 to 8 reverse to 16 counts.

(6) 스틱 몸 풀기- 팔과 손목관절 로테이션

Arms Extended Wrist Rotation-Normal Grip

이 동작은 첫 번째 스틱 몸풀기 동작과 비슷하지만 스틱을 자연스럽게 잡고 동작을 실시한다.

(7) 스틱 몸 풀기_ 스틱교차하여 잡은 후 팔과 손목 로테이션 운동
(Arms Wrist Rotation: Normal Grip)

3) Double Cane Stick Exercises

(1) 더블 스틱 몸풀기- 더블 스틱으로 손목관절 회전 돌리기

Double Stick Wrist Twirling Circling forward and Backward

스틱을 자연스럽게 잡은 후 양쪽 어깨부위를 릴렉스하고 두 개의 스틱을 이용해서 앞뒤로 회전시키며 손목관절과 어깨 관절을 풀어준다.

Starting Position: Hold sticks with normal grip, both resting on shoulders.

a) Bring both sticks in level shoulder position, circling the wrist forward and reverse backward,
b) Repeat in set of 1 to 8 reverse in 16 counts.

(2) 더블스틱 몸풀기 -Two Hands Up and Down Strike

두 개의 스틱을 자연스럽게 잡은 후 위아래로 강하게 회전시키는 동작으로 관절을 풀어 준다.

Starting Position: Hold sticks with normal grip and resting on the shoulders.

a) Forcefully bring both sticks downward,

b) Forcefully bring sticks upward,

c) Repeat in set of 1 to 16 counts.

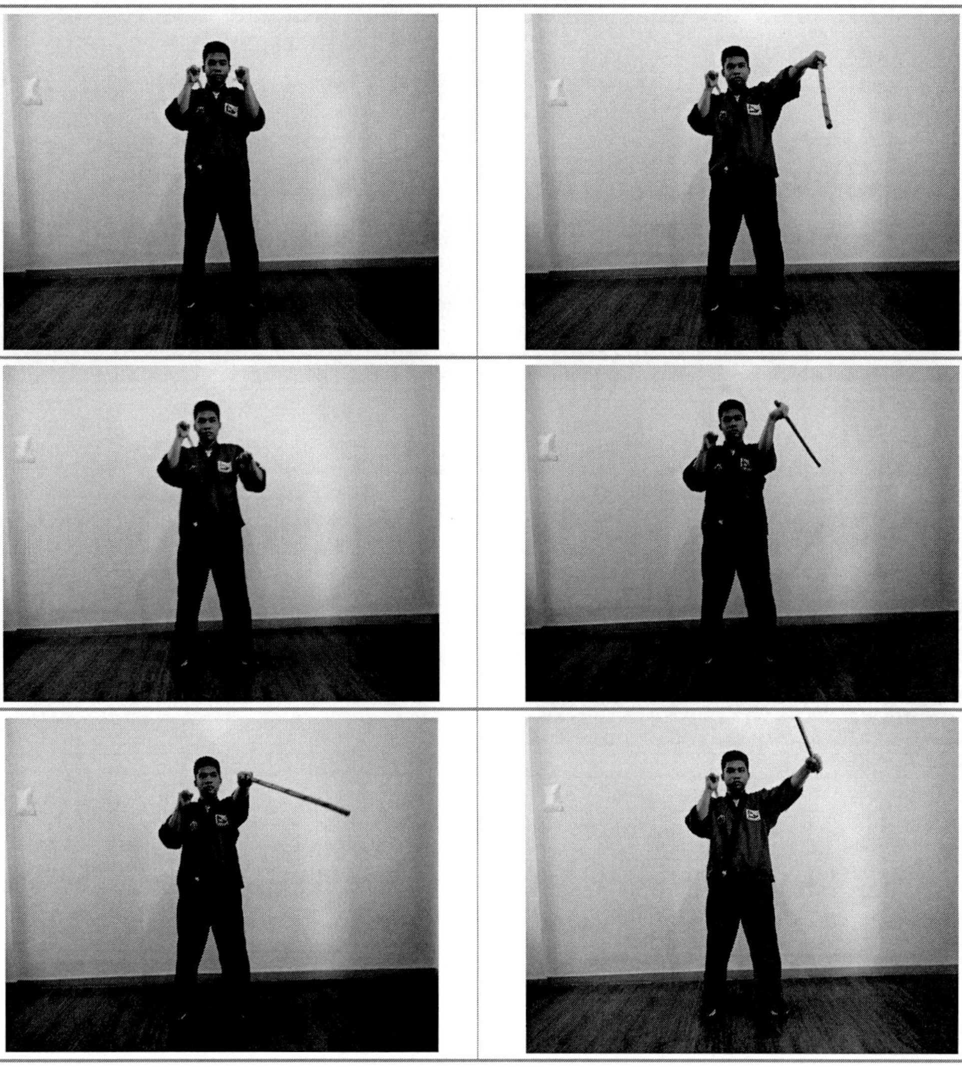

(3) 더블 스틱 몸 풀기- Double Wrist Circling, Up and Down

두 개의 스틱을 잡은 후 어깨 높이로 들어 올려 위아래 강하게 움직이는 동작으로 손목 관절과 어깨 관절을 풀어준다.

3-Stick Exercise No.3-Double Wrist Circling, Up and Down

a) Stick in level shoulder position, Double wrist twirling Downward and Upward movement

b) Repeat in set of 1 to 16 count

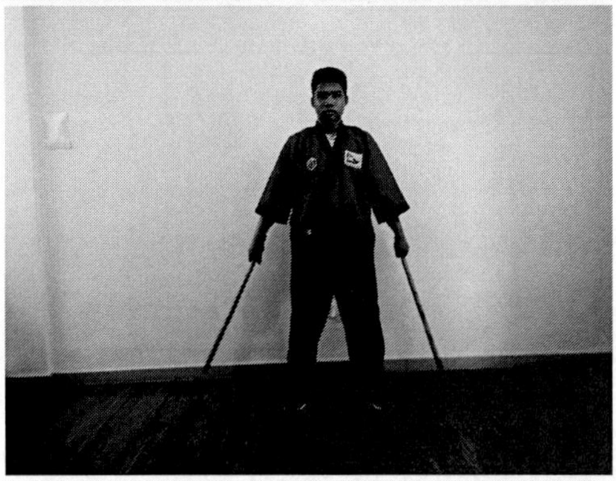
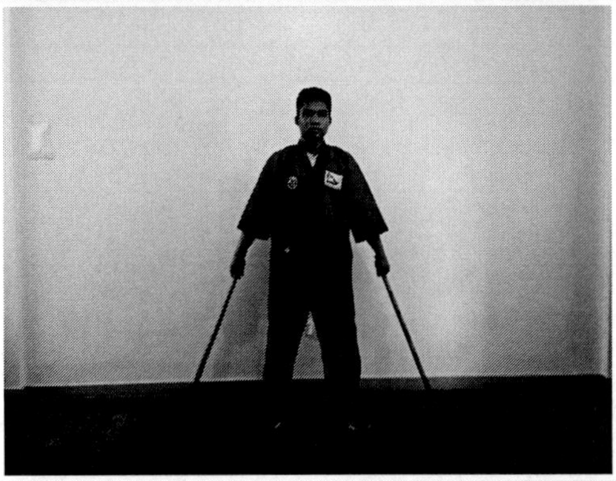

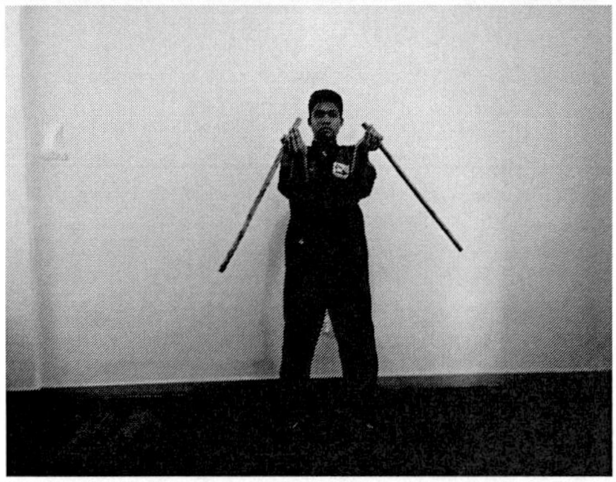

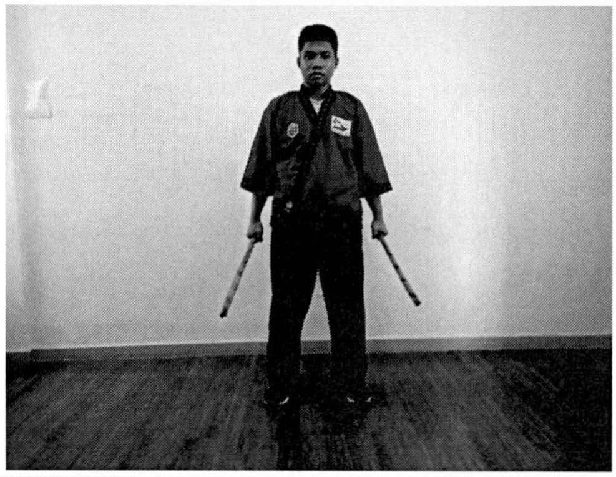

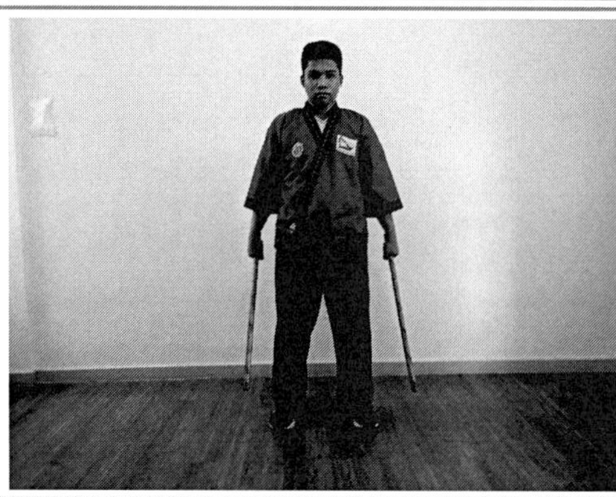

(4) 더블 스틱 몸 풀기- Double Cane Slashing movement

두 개의 스틱을 어깨 높이로 들어 올리고 비켜 베는 듯 한 동작(슬라이싱)으로 위아래 방향으로 동작을 실시한다. 가급적 21회 정도로 강하게 실시한다.

4- Stick Exercise No.4-Double Cane Slashing movement

a) Stick in level shoulder position, Double cane slashing twirling Downward and Upward movement.

b) Repeat in set of 1 to 16 count

(5) 더블 스틱 몸 풀기-Double Cane Armpit Twirling Movement

두 개의 스틱을 어깨 높이로 들어 올리고 두 스틱을 회전시키면서 양쪽 겨드랑이 부위로 돌려서 끼는 듯 한 동작으로 실시한다(일반적으로 쌍절곤 동작과 유사함).

5- Stick Exercise No.5-Double Cane Armpit twirling movement

a) Stick in level shoulder position, Double cane Armpit twirling movement

b) Inside twirling armpit and outside armpit twirling movement.

c) Repeat in set of 1 to 16 count

(6) 더블 스틱 몸풀기- Double Cane Upward Fan Movement(Pilantik)

두 개의 스틱을 어깨 높이로 잡은 후 스틱을 위쪽 방향으로 팬을 돌리듯 회전시키면서 아래쪽 방향으로 슬라이싱 동작으로 내려 벤다.

그리고 다시 반대 방향으로 회전시키면서 들어 올리는 동작으로 처음 위치로 스틱을 가지고 온다. 같은 동작을 21회 반복 실시하도록 한다.

4

올바른 스틱 그립 방법

4 올바른 스틱 그립 방법

아르니스에서 스틱을 올바르게 잡는 것은 무엇보다 중요하다. 올바른 그립에서 강한 폭발력과 순간적인 동작, 그리고 속도 및 기감 컨트롤이 만들어지기 때문이다. 올바른 스틱 그립은 네 손가락으로 감싸 잡은 뒤, 이 네가락이 향하는 방향이 칼의 날(Blade)방향이다. 그리고 스틱 끝부분에서 약2-3인치 정도 위로 잡아 엄지손가락을 포개 잡듯이 한다. 이때 스틱의 끝 부위를 버트(Butt)라고 하며 이 부위를 이용하여 상대방을 찌르거나 상대의 스틱을 걸어 잠그는 등 여러 가지 기법을 시도할 수 있다.

스틱을 잡고 있는 동안은 강하게 그립을 잡고, 손목관절은 부드럽고 유연하게 움직일 수 있도록 유지한다. 이것은 손목관절을 이용하여 치기와 걸기, 지르기 기술을 상정한 그립이다.

Arnis is very important. A correct grip is the secret to control, power and quickness in every blow that is delivered.

The correct grip is assumed in this manner: Hold the stick with your four fingers with the blade of the palm about two to three inches from the base or butt (of stick). Tighten your grip and press the thumb over the forefinger. Each strike must be made with a firm grip.

While the grip is firm, the wrist must be flexible and very pliable. Keeping the wrist in this state, will ensure that the blows are delivered with force and quickness.

5

예법(타격 시)

5 예법(타격 시)

무예수련에 있어서 상대방에 대한 존중과 예의는 매우 중요하다. 아르니스는 무기를 주로 다루기 때문에 상대에 대한 배려와 예의는 특히 중요하며, 상대방의 존재가치에 대한 지도를 철저하게 인지시켜야 한다.

그리고 연습의 시작과 종료는 항상 상대에 대한 인사를 해야 하며 인사법은 아래와 같다.

THE COURTESY BLOW

Part of the rituals observed among martial arts enthusiasts is the manifestation of courtesy for one's opponent or sparring partner, usaully done through a gesture of bowing. In Arinis, bowing is done in this manner: Assume a standing position similar to those assumed by military personnel or soldiers when they are in formation, standing at attention with the heels at an angle off 45 degrees. The hands hold the stick(s) at both ends. In this position, bow the head forward from the neck, (count [ct.]1; return the head to position and simultaneously extend the R hand side ways to the right with the stick pointing upward, and place the L hand, open palm and fingers extended, on the right breast,(ct. 2). Return to starting position.

맨손인 경우- 스틱을 잡지 않은 맨손인 경우에는 상대방에 대한 존경과 배려심을 담아 오른쪽 주먹을 쥔 상태에서 왼쪽 가슴에 대고 목례를 하면서 인사를 한다.

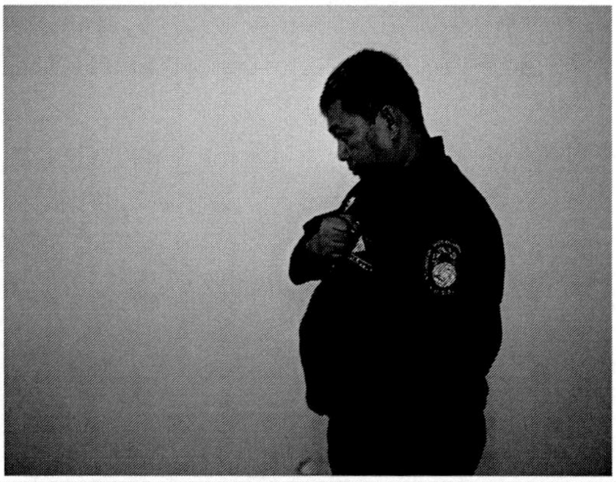

한손 스틱인 경우- 스틱 끝을 잡고 양쪽 다리를 차렷 자세로 붙이고 똑바른 자세로 선후, 스틱을 잡은 손을 왼손가슴 방향으로 붙이고 가볍게 목례를 하며 "포(PO)"라고 말한다.

두 손 스틱인 경우- 스틱 끝은 잡고 한손 스틱과 같은 방법으로 선후 왼쪽 가슴방향으로 오른쪽 손과 스틱을 가져가고 왼쪽 손과 스틱은 똑바로 펴서 선다. 이때 두 개의 스틱은 지면과 수직방향이 되도록 서며 앞면을 보고 "포(PO)"라고 하면서 가볍게 목례를 한다. 목례 후에는 숙인 머리를 원래의 위치로 하고 바로 선다.

6

서기 법
(KIND OF STANCES)

1) MOVING STANCES

6 서기 법(KIND OF STANCES)

(1) 바로서기법과 자연체 서기 법(ATTENTION OR PORMAL STANCE)

- 앞에서 설명한 예법의 서기와 같다. 이 자세는 예법과 시합 전에 상대방에 대한 예의를 표하는 자세이다.

준비서기와 다리 벌려 서기법은 동일한 방법으로 우선 다리 스탠스를 어깨 넓이로 자연스럽게 벌려 서는 자세이다. 이때 양손으로 스틱 끝부분을 잡고 아래로 내려잡는 방법으로 선다.

1) ATTENTION OR PORMAL STANCE:

- Stance with your feet forming a 45 degrees angle or stance at attention like a soldier
- Heels should be close to each other, knees should be straight, the waist and the body facing forward
- Shoulders are dropped to the side and both hands are at waist level. The attention stance is commonly use in preparation for courtesy or bowing at commencement of sparring.

(2) 준비서기와 다리 벌려 서기법(READY OR LEG STANCE)

2) READY OR OPEN LEEG STANCE

- Stance with your feet apart parallel the shoulder with both toes pointing forward.
- The knees should be straight, the waist and the body facing forward, hand are on waist level the hand should hold the arnis stick on both sides.

(3) 공격자세(FORWARD STANCE)

이 자세는 준비자세의 일종으로 한 쪽 다리를 앞으로 전진시켜 자세를 잡는 것을 말한다. 왼쪽 발을 앞으로 내밀 든 오른 쪽 다리를 내밀든 자신이 편하고 신속하게 움직일 수 있는 자세를 취하도록 한다. 이때 가급적 신체의 무게중심으로 양쪽 다리에 균등하게 가도록 하며, 이때 몸을 너무 낮게 유지한다든지 다리를 너무 벌려 서게 되면 빠른 움직임에 저해가 되므로 자신이 움직이기 가장 편한 자세로 선다. 이 자세는 일반적으로 타격을 할 경우와 상대의 공격을 블로킹할 때 주로 사용한다.

3) FORWARD STANCE:

- Starting with the ready stance, move one foot forward until the knee and the toe are in line to each other,
- Both toes are pointing in front the waist and the body is facing forward, maneuverer,
- Distribute the weight or centre of gravity to both legs,

- Forward stance can be right foot lead, which is the Right foot forward stance or it can be left food lead which is Left foot forward stance,
- Forward stance are commonly used with frontal striking or blocking techniques,

(4) 기마 자세(STRADDLE OR HOURSE STANCE)

시작 자세이며 한쪽 발을 앞으로 내 딛고(약 2피트) 무게중심을 내딛은 발에 둔다. 이때 다리의 모양은 지면과 수직상태를 유지하도록 하며, 양쪽 발끝은 신속한 움직임이 가능하도록 뒤꿈치를 든 상태를 유지하는 것이 이상적이다.

4) STRADE or HOURSE STANCE:

- Starting with the ready stance, move one foot about two feet(2') to the left or to the Wight direction until boot lower legs are almost perpendicular to the ground,
- both toes are pinting in front, the waist and the body is facing forward, The body should net too low or extended otherwise it will be hard to maneuverer,

Distribute the weight or centred of gravity to both legs, straddle stance also called Horseback Riding stance,

(5) 백 스탠스(BACK STANCE)

준비자세로 한 쪽 발을 약 45도 기울여서 뒤로 내 딛고 뒤쪽 발은 "L"자 모양이 되도록 한다. 이때 몸을 너무 낮게 자세를 취한다든지 너무 펴서 중심이 무너지는 일이 없도록 주의한다.

무게의 중심은 양쪽다리에 두고 뒤쪽으로 움직인 발은 가급적 오른쪽 다리를 두고 왼쪽 다리가 간 경우에는 오른쪽 다리가 리드하도록 한다.

5) BACK STANCE:

- Starting with the ready stance, move one foot backward 45 degrees away the body,
- The heels of the foot should from an imaginary"L"shape while the legs are in astraddle position, The body should not be to low or extended otherwise it will be hard to maneuverer.
- Distribution of Wight or centred of gravity to both legs, Back stance can

be right foot lead, which is the right foot back stance or it can be left foot lead which is left foot back stance.

1) MOVING STANCES

(1) 한손 스틱의 공격자세 스탠스-ONE STICK RIGHT FOOT BACKWARD IN FIGHTING FORM POSITION STANCE- FORM FIGHTING FORM POSITION STANTIONARY STATIONARY RIGHT FOOT FORWARD STANCE

(2) 전진 스탭(STEP IN)자세

오른쪽 발을 일보 내딛는 자세에서 상황에 따라서 스탭을 전진시키고 동시에 왼발을 앞으로 이동 시킨다. 이때 중요한 것은 신체의 중심과 균형이 무너지지 않도록 주의하여야 한다. 모든 무예의 스탭은 단순한 걷기 동작이 아닌 중심(中心)과 중심(重心)의 이동이라는 인식이 매우 중요하다.

1. Stepping in to Forward Stance-Execute the Forward Right and Left Stances by alternately stepping or sliding the R and L feet moving forward. (Note: The command for moving forward is “stepping in”)
2. Stepping back to Backward stance-Similar to No.1 above, except that you are moving backward.(Note: The command is “stepping back.”)

(3) 후진 스탭(STEP BACK)

전진스탭과 반대 되는 개념으로 왼쪽 발을 먼저 뒤로 내딛고 이어서 오른쪽 발을 뒤로 끌어들여 중심이동을 한다. 마찬가지로 중심이 무너지지 않도록 주의해야 한다.

RETRACTING STANCE-MOVEMENT OF STANCE WITH ONE WITH LEG ARE MOVING IT CAN BE RIGHT FOOT RETRACTING MOVEMENT OR LEFT FOOT RETRACTING MOVEMENT

(4) V자 형 스탭- Forward Letter V form movement

V자형 스탭은 상대중심방향에서 오른쪽 전진스탭과 후진스탭, 다음에 왼쪽 전진스탭과 후진스탭을 연속해서 움직이는 것을 말한다. 이때 움직이는 모양이 V자형태가 되도록 하며, 상대의 공격선에서 왼쪽과 오른쪽으로 비껴가도록 상체와 하체가 모두 움직이도록 하는 것이 중요하다.

FORWARD LETTER V (Victory) form movement

- Its look like letter V(victory) form movement and allow you to avoid incoming attack moving away to the left or right.
- The starting point of this workout begins in the top of the letter V and you will be mainly stepping sideward.
- Take the left diagonal or the right diagonal to step outwards away from the incoming attack.

(5) 역 V자형 스탭(Reverse Letter form movement)

이 스탭은 앞에서 말한 V자형 스탭을 역으로 돌려놓은 모습이다. 상대의 공격선에서 좌우로 비껴서 뒤로 물러나는 스탭과 동작으로 마찬가지로 중심이동과 상체와 하체의 원활한 동시 동작이 매우 중요하다.

REVERSE LETTER V(Victory) form movement

- it look like a reverse letter V(Victory) and allow you to attack the left or right side of the opponent by stepping off the line of a frontal attack.
- beginning foot work start at the front of the V Imagine tracing a line of the V as you step backward away from the cantered line of attack,
- Take left or right diagonal to disrupt or stop the incoming attack be for is gains momentum.

REVERSE Letter V(Victory)form movement

Point of Origin

You are here

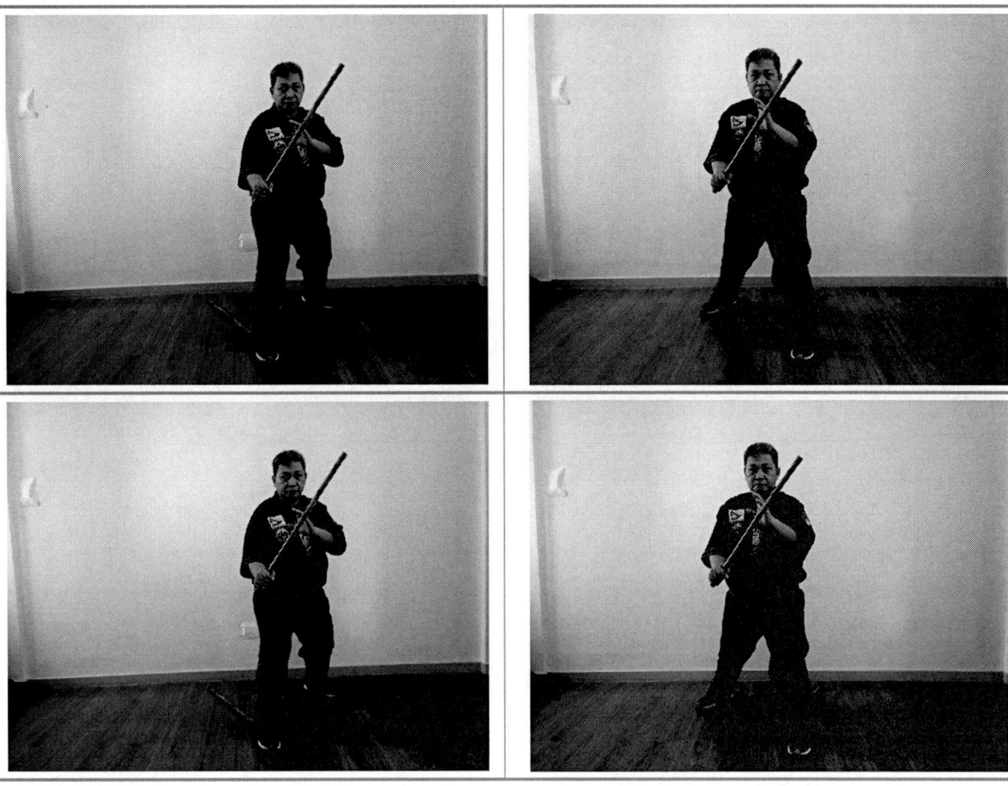

(6) 사선형 스탭(Stepping in to Obliquely Backward Left and Right)

상대방의 공격 중심선에서 사선으로 비껴나가는 스탭이다. 이때 상대방의 공격 중심선에서 가장 최단거리로 비껴서는 것이 중요하며, 다음과 같은 거리와 리듬을 조절하는 능력을 키우는 것이 중요하다. 우선 스틱과 스틱거리를 두는 방법, 상대방의 손목을 노리는 거리 두는 방법, 상대방의 몸통전체를 노리는 거리두기 등으로 나누어 스탭을 조절하도록 한다. 또한 역방향으로의 스탭은 "스탭 백-Stepping Back" 자연체의 스탠스에서 상대방의 공격선에서 비스듬한 방향으로 좌우 방향으로 뒤로 물러나면서 실시하도록 한다. 마찬가지로 상체와 하체가 동시에 움직이도록 하는 것이 중요하며 발바닥이 지면에서 미끄러지듯이 움직이는 것이 중요하다. 그 이유는 움직이는 동작에서의 중심잡기가 매우 중요하다는 것을 의미한다.

Stepping in to Obliquely Forward Right and Left-Execute the Oblique Forward Right and Left Body Shifting's, by sliding or stepping the feet obliquely or diagonally forward right and left alternately and advancing forward.

7

싱글 시나와리
(THE SINGLE SINAWARI, Two Stick)

7 싱글 시나와리 (THE SINGLE SINAWARI, Two Stick)

싱글 시나와리는 수련자 혼자 수련하도록 구성되었지만 보다 더 효과적인 수련을 위해서는 상대방과 서로 기법을 주고받는 형식으로 합(合)을 맞추는 것이 효과적이다.

"시나와리(Sinawari)"라는 의미는 필리핀어로 "사와리(Sawari)"이다. 이 "사와리"는 세로 방향으로 갈라진 대나무가 서로 씨줄과 날줄로 같이 엮여서 하나의 면을 만들어가는 모습을 나타낸다. 예를 들어 우리나라의 이전 공예로 대나무를 재료로 해서 물건을 만드는 죽세공과 같은 것이다. 이렇게 엮여서 만들어진 대나무 집의 벽을 의미하는 용어에서 비롯되었다.

싱글 시나와리는 다음과 같은 방법으로 수련한다. 우선 기본자세는 오른 발을 앞으로 내 딛고 왼손은 오른쪽 겨드랑이에 끼도록 위치하고, 오른 손에 잡은 스틱은 팔꿈치 관절을 구부린 상태로 들어 올려 귀 높이에 위치하도록 한다. 이때 스틱의 끝부분은 앞쪽과 뒤쪽을 향하게 한다.

THE SINGLE SINAWALI (two sticks)

Although the sinawali is treated as an individual skill, it is best practiced with a sparring partner. It is therefore the first experience of an Arnis novice to exchange striking blow with another person in a continues sequential manner.

Sinawali comes from the Filipino term"sawali" which refers to the pattern used in weaving bamboos which been split lengthwise, and the resulting frame is used as walls of bamboo houses.

The Single Sinawali is performed in this manner:

Initial Position -Right foot forward stance or Fighting form stance, stick on L-hand is place under the R- armpit and stick on R-Hand(elbow bend) is held up with the tip of the stick pointing upward or backward.

1. 먼저 치기 동작은 오른쪽 스틱으로 상대방의 왼쪽 관자놀이를 타격과 동시에 왼쪽방향으로 스틱을 가져간다.

Executes Striking Technique No.1(L-Temple)with R-Hand and simutaneously bring the L-Hand(stick) to sideward left, to point the stick upward or backward,

2. 오른쪽 스틱으로 상대방의 오른쪽 무릎방향을 가격한다.

Execute Striking Technique No.4(R-Knee) with your R-hand,

3. 왼쪽 스틱으로 상대방의 오른쪽 관자놀이를 타격하고 동시에 오른쪽 방향으로 왼쪽 스틱을 가져간다.

L-Hand executes Striking Technique No.2(R-Temple,) and simultaneously swing R-Hand sideward upward right to point the stick upward or backward.

4, 왼쪽 스틱으로 상대방의 왼쪽 무릎방향을 가격한다.

Execute with your L-Hand Striking Technique No. 3(L-knee)

Repeat whole movement pattern smoothly and rhythmically

위와 같은 동작을 같은 패턴으로 부드럽고 리드미컬하게 반복한다.

8

더블 시나와리
(DOUBLE STICK)

8 더블 시나와리(DOUBLE STICK)

Initial position with Right over Left

준비 자세는 오른 스틱은 오른쪽 어깨 위 방향, 왼쪽 스틱은 오른쪽 겨드랑이에 위치하도록 한다.

준비자세(정면)	준비자세(옆면)

1. 오른쪽 스틱으로 상대방의 왼쪽관자놀이를 향해 타격한다. 타격 후 오른쪽 스틱은 왼쪽 어깨 위 방향으로 가져간다.

1. R-hand executes Striking Technique No.1 (L-temple,)

2. 왼쪽 스틱으로 상대방의 왼쪽 무릎을 타격한다.

2. L-hand executes Striking Technique No.3(L-knee) and simultaneously bring R-hand (stick) over to the L shoulder.

3. 오른쪽 스틱으로 오른쪽 관자놀이를 향해 타격한다. 그리고 동시에 왼쪽 방향으로 스틱을 가져간다. 스틱의 포인팅은 뒤쪽과 위쪽 방향이다.

3. R-hand executes Striking Technique No.2 (R-temple) and simultaneously bring L-hand to the left side, with stick pointing upward or backward,

4. 왼쪽 스틱으로 상대방의 오른쪽 관자놀이를 향해 타격하고 동시에 오른쪽 스틱을 왼쪽 겨드랑이 방향으로 가져간다.

4. L-hand executes Striking No.2 (R-temple) and simutaneously bring R-hand (stick) under the L-armpit,

5. 오른쪽 스틱으로 오른쪽 무릎을 타격하고 동시에 왼쪽 스틱은 오른쪽 어깨 방향으로 스틱을 가져간다.

5. R-hand executes Striking No.4 (R-knee) and simultaneously bring L-hand (stick) over the R-shoulder,

6. 왼쪽 스틱으로 오른쪽 관자놀이를 타격하고 동시에 오른쪽 스틱을 오른쪽 사이드로 가져간다. 이때 스틱의 방향을 위쪽과 아래쪽을 향하게 한다.
   6. L-hand executes Striking No.1(R-temple) and simultaneously bring R-hand (stick) to the right side with stick pointing upward or backward.

9

레돈다
(REDONDA OR "X" SLASHING MOVEMENT)

9 레돈다(REDONDA OR "X" SLASHING MOVEMENT)

레돈다는 전통아르니스계열의 기법으로서 모든 치기법이 상대방의 머리부위를 타격하는 방식으로 이루어져 있다. 또한 기법의 동선이 원형을 이루어지도록 되어 있으며 치기법은 "슬라싱 타법"으로 비스듬히 내려 베는 동작이 포함되어 있다. 레돈다는 수직으로 기법의 동작이 이루어지면 "X"자형 슬라싱타격법으로 변화 시킬 수 있다.

REDONDA or "X" Slashing Movement

- is one of traditional forms of slashing wherein all the blows directed to the head crown. is a basic circular slashing which tends to be vertical in nature. It is similar to a vertical double zero strike.

☞ 주의할 점- 오른쪽 전진 스탭자세 혹은 다리를 어깨 넓이로 벌리고 서는 자연체 자세를 잡는다. 왼쪽 스틱은 오른쪽 겨드랑이 자세로 하고 오른쪽 스틱은 오른쪽 어깨 위에 위치하도록 한다. 이때 스틱의 양쪽끝은 앞쪽과 뒤쪽 방향으로 가도록 한다.

INITAIL POSITION – Right Forward Stance or Open Leg Stance, with L-stick under the R-armpit and R-arm(with elbows bent) holding the stick pointing upward or backward,

1. 오른쪽 스틱으로 왼쪽 관자놀이를 향해 타격하면서 계속해서 움직이며 오른쪽 팔을 몸통과 크로스가 되는 형태로 타격하면서 왼쪽 어깨의 위쪽 방향으로 올 때까지 움직인다.

R hand executes striking technique No. 1 (Left temple) and continue moving the R arm across the body to the side until stick is over the L shoulder.

2. 왼쪽 스틱의 타켓방향은 상대방의 왼쪽 관자놀이 방향이며, 계속해서 움직이면서 왼쪽 스틱이 몸통과 크로스 방향으로 내려 베면서 바깥쪽 방향으로 왼쪽 어깨 방향까지 올라오도록 한다.

L hand Executes slashing movement to the target No.1 (Left temple) and continue moving the L arm across the body to the side until stick is outside of the L shoulder.

3. 동시에 오른쪽스틱을 왼쪽 겨드랑이 부근으로 가져가고 밑쪽 방향으로 슬라싱 동작으로 벤다.

Simultaneously bring R stick under L armpit in going down and slashing movement.

4. 왼쪽 스틱을 슬래싱 방향으로 움직이면서 오른쪽 관자놀이를 타격하고 계속해서 왼쪽 스틱으로 오른쪽 어깨 방향으로 가도록 한다.

L hand Executes slashing movement to the target No.2 (Right temple) and continue moving the L arm across the body of the side until stick is over the R shoulder.

5. 오른쪽 스틱으로 슬라싱동작으로 오른쪽 관자놀이를 향해 타격하면서 오른쪽 스틱을 몸통방향으로 슬라싱하면서 오른쪽 어깨 방향으로 가도록 한다.

R hand executes slashing movement to the target No.2 (Right temple) and continue moving the R arm across the body to the side until stick is over the R shoulder.

6. 동시에 왼쪽 겨드랑이 방향으로 스틱을 가져가면서 아래쪽으로 슬라싱하는 동작을 한다.

Simultaneously bring stick under the armpit going downward slashing movement.

10

기본치기 6개 동작
SIX (6) BASIC STRIKING TECHNIQUES

1) 정지된 상태에서 기본자세를 어깨 넓이로 스탠스를 잡은 뒤 기본1번 치기 동작부터 6번째 동작까지 연속으로 실시한다.
2) 기본자세에서 오른 쪽 발을 한 발 내딛는 자세로 시작하여 V자 형태로 스탭을 바꿔가면서 하는 방법이 있다.
3) 2번 자세에서 오른쪽 자세를 취한 뒤 연속적으로 6개 동작을 실시하고, 스탠스를 바꿔서 왼쪽 자세를 취한 뒤 연속적으로 6개 동작을 실시하는 방법이 있다.
4) 오픈 스팬스 온 가드 자세

10 기본치기 6개 동작 SIX (6) BASIC STRIKING TECHNIQUES

기본치기는 모두 6개 동작으로 이루어져 있다. 효율적인 기본치기 6개동작은 가급적 개별동작이 아닌 연속동작으로 연결하여 연습하는 것이 보다 효율적이다. 또한 모든 동작에서 치기가 가능하도록 마스터해야 하며, 특히 실질적인 스파링에서도 체득된 동작이 이루어지도록 반복 숙달하도록 한다.

While there are six striking techniques, all these should be executed and practiced as one sequential movement. However, once they are mastered, they can be executed in any sequence, especially in actual sparring.

기본 6개 치기법은 3가지 방법이 있다.

There are three methods of practicing these six striking techniques:

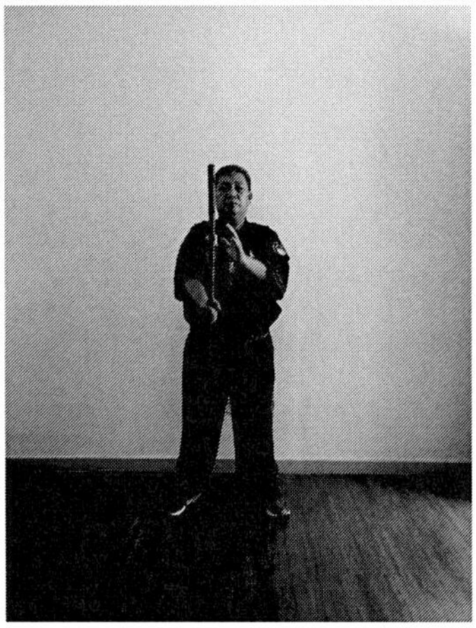

1) 정지된 상태에서 기본자세를 어깨 넓이로 스탠스를 잡은 뒤 기본1번 치기 동작부터 6번째 동작까지 연속으로 실시한다.

In a stationary Right Forward Stance, perform the six striking techniques in sequence from 1 to 6.

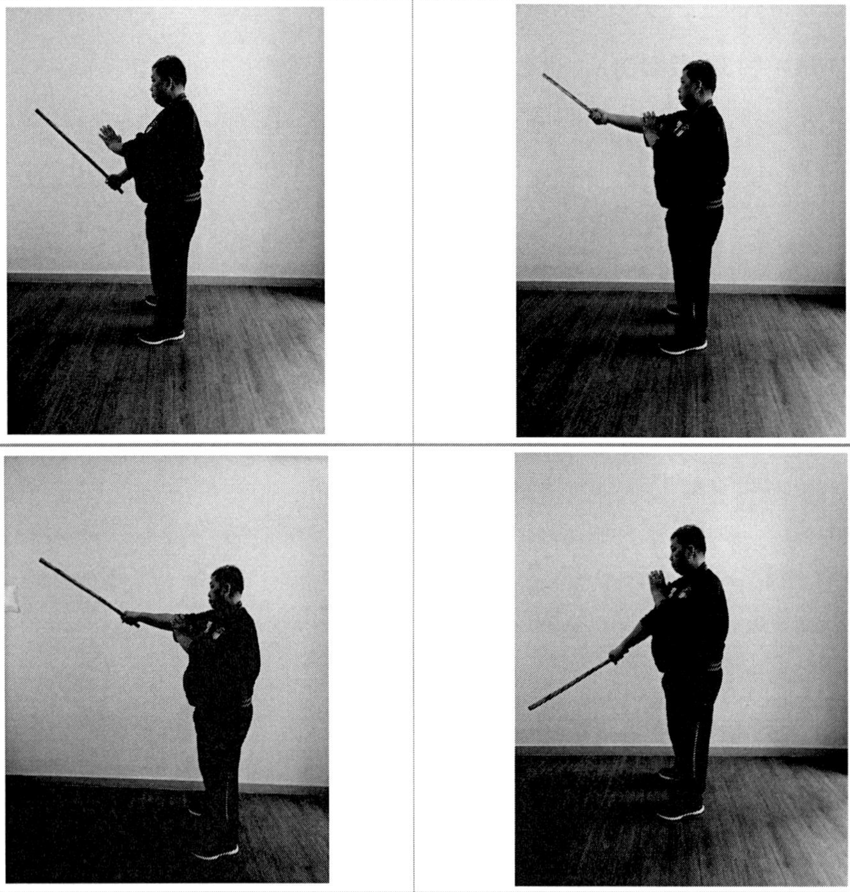

2) 기본자세에서 오른 쪽 발을 한 발 내딛는 자세로 시작하여 V자 형태로 스탭을 바꿔가면서 하는 방법이 있다.

In stationary Open Leg Stance, alternately step R and L foot forward or letter victory(V) form movement with each strike count,

3) 2번 자세에서 오른쪽 자세를 취한 뒤 연속적으로 6개 동작을 실시하고, 스탠스를 바꿔서 왼쪽 자세를 취한 뒤 연속적으로 6개 동작을 실시하는 방법이 있다.

From Open Leg Stance, moving forward by alternately stepping or sliding the R and L foot with each striking count. or step in six step and step in back in six movement.

4) 오픈 스팬스 온 가드 자세(OPEN STANCE IN GURAD POSITION)

1번치기- 몸을 오른쪽 옆으로 트는 동작으로 스틱을 어깨 뒤에서 상대방의 왼쪽 관자놀이와 어깨부위를 향해 내려친다.

Striking Technique No.1 - Twist trunk sideward right to bring the stick pointing upward to the back, and swing it to strike at the L temple or shoulder. Pause,

2번치기- 첫 번째 치기 동작에서 몸을 외쪽으로 틀면서 스틱을 좌측으로 크로스 동작으로 가지고 와서 역방향으로 상대방의 오른쪽 관자놀이와 어깨 부위를 내려친다.

Striking Technique No.2 - From strike No. 1, twist the trunk sideward left to bring the stick pointing upward across the body to the left side, and strike the R temple or shoulder. Pause,

3번치기- 두 번째 동작에서 몸을 비스듬히 틀면서 오른쪽으로 몸을 틀면서 상대방의 오른쪽 무릎하단부위를 내려친다.

Striking Technique No.3 – From strike No. 2, twist the trunk sideward right to bring the stick behind, the stick pointing upward, and strike the L knee. Pause,

4번치기- 3번 동작에서 몸을 비스듬히 왼쪽으로 틀면서 스틱을 가져간다. 위쪽 방향으로 너클을 가져가면서 시계방향으로 너클 부위가 위쪽 방향으로 그리고 오른쪽 무릎을 내려친다.

Striking Technique No.4 – From strike No. 3, twist the trunk sideward left to bring the stick across the body, moving upward with knuckles facing downward up to face level; then, with the butt of the stick leading, twist the wrist and forearm counter clockwise until the knuckles are facing upward, then strike the R knee. Pause,

5번치기- 4번 동작에서 스틱의 끝부분이 먼저 움직이면서 오른쪽 스틱을 크게 얼굴 위쪽 방향으로 가져간다. 그 다음 상대방의 얼굴방향인 백회혈을 노리고 강하게 내려친다.

Striking Technique No.5 - From ktrike No. 4, with the butt of the stick leading, withdraw the stick backward and twist the forearm and the wrist untill the knuckles face upward; circle the stick overhead (with the stick pointing downward) and strike at the head or crown. Pause,

6번치기- 이 동작은 치는 동작이라기보다 상대방을 향해 지르는 동작이라고 할 수 있다. 정지된 5번 동작에서 오른쪽 스틱을 그대로 뒤로 빼면서 자신의 복부 높이로 스틱을 가져온 후, 상대방의 복부방향을 향해 찌른다.

Striking Technique No.6 - From strike No. 5, draw the stick (which is in horizontal position pointing forward) backward and thrust at the abdomen. Pause.

11

6개 막기 동작(방어기법) -SIX BLOCKING TECHNIQUES

1) 어깨 넓이로 스탠스를 잡은 후 왼쪽 발과 오른 쪽 발을 교대로 교차시키면서 막기 동작을 한다.
2) 교대로 스탭을 바꾸면서 전후스탭으로 자세를 바꾸어 가며 막기 동작을 한다.

11 6개 막기 동작(방어기법) -SIX BLOCKING TECHNIQUES

6개치기 동작을 연습할 때 방어기법인 막기 동작을 동시에 연습하게 되면 보다 효율적인 연습이 된다. 이 막기 동작은 치기동작에 맞추어 이루어져 있으며 스파링 파트너와 정지 동작, 시계방향으로 움직이면서 치기와 막기, 앞뒤로 움직이면서 교대로 치기 공격과 막기 공격을 동시에 실시하도록 한다.

SIX BLOCKING TECHNIQUES

As in the striking techniques, the blocking maneuvers should be practiced in a sequential manner Once these six blocking skills are mastered, they should be performed in response to the striking blows being delivered by their sparring partners.

1) 어깨 넓이로 스탠스를 잡은 후 왼쪽 발과 오른 쪽 발을 교대로 교차시키면서 막기 동작을 한다.

In stationary Open Leg Stance, step R and L foot forward alternately in executing the block;

2) 교대로 스탭을 바꾸면서 전후스탭으로 자세를 바꾸어 가며 막기 동작을 한다.

Stepping the R and L foot alternately while moving forward or backward.

1번 막기- 왼쪽 막기:

오른쪽 발을 일보 전진하면서 왼쪽 방향으로 몸을 틀면서 스틱을 수직으로 세워 막기를 한다. 이때 왼쪽 손은 손바닥을 펴서 스틱을 잡으면서 상대방이 가하는 충격을 완충시키도록 한다.

Blocking Technique No.1 - Left Side - Middle Inward Block

From Attention or Open Leg Stance, step R foot forward with the stick held vertically pointing upward; left hand with open palm is placed at the middle of the stick to cushion the impact of the blow delivered by the opponent.

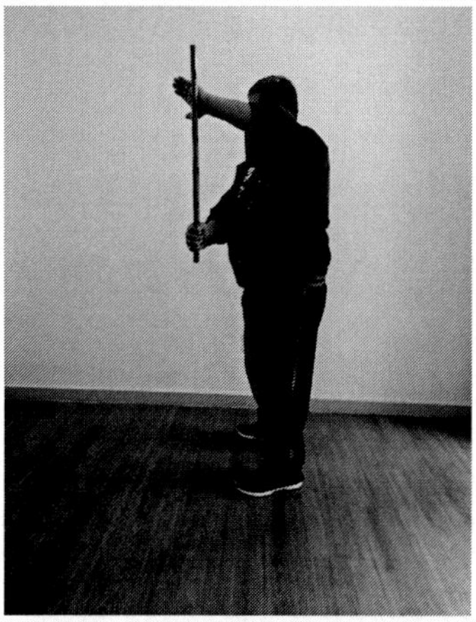

2번 막기- 오른쪽 측면 막기는 1번과 같은 방법으로 방향을 틀어서 반대방향을 방어한다.

Blocking Technique No. 2 - Right Side - Middle Outward Block The same movement as Blocking Technique No. 1, but in a reverse direction.

3번막기(안쪽 하단막기)- 왼쪽 무릎부위 막기

Blocking Technique No. 3 - Left Side - Downward Inward Block

이 방어법은 상대방이 강하게 무릎부위를 치고 올 때 막는 방법으로 강한 파워가 필요하며 "force to force block"이라고 표현한다. 상대방의 공격을 카운터 어택(Count Attack)과 같은 방법으로 연습하도록 한다.

This block is performed by striking forcefully as if to strike the left knee of the opponent. This block should be executed with great force (in a "force to force" block) to counteract the blow deliverd by the opponent. Since the L hand cannot aid in the blocking, it should be placed in front of the chest with fingers extended and palms facing downward.

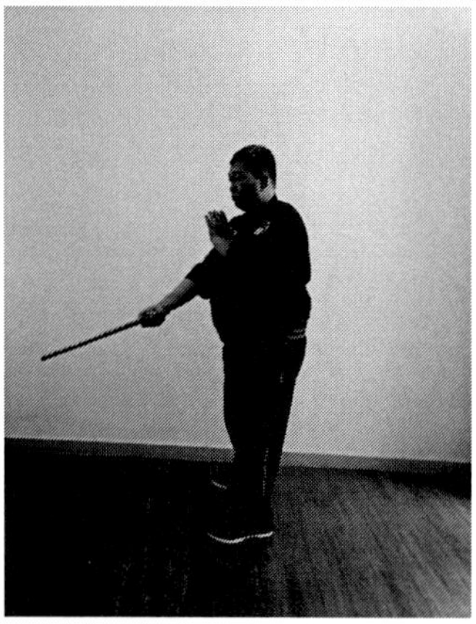

4번막기(바깥 쪽 측면막기)

locking Technique No. 4 - Right side - Downward Outward block

This is reverse movement of blocking technique no.3 described above.

3번막기 방법의 반대되는 방법으로 상대방의 오른 무릎공격에 대하여 스틱을 바깥쪽 측면으로 방어하는 기법이다.

5번 막기- Rising Block Upward Block

Blocking Technique No. 5 - Rising Block - Upward Block

상대방이 한 발 전진하면서 오른쪽 스틱으로 머리 위로 치고 들어오면 스틱을 수평으로 머리 위 방향으로 들어올려 상대방의 스틱을 막는다. 이때 왼쪽 손은 스틱 끝을 잡아 상대방의 공격을 막는다.

If the opponent is right-handed, step L foot forward and execute the Rising Block by rising the stick which is held horizontally upward over the head, with the L palm suppporting the tip of the stick;

a) If the opponent is left-handed, step R foot forward.

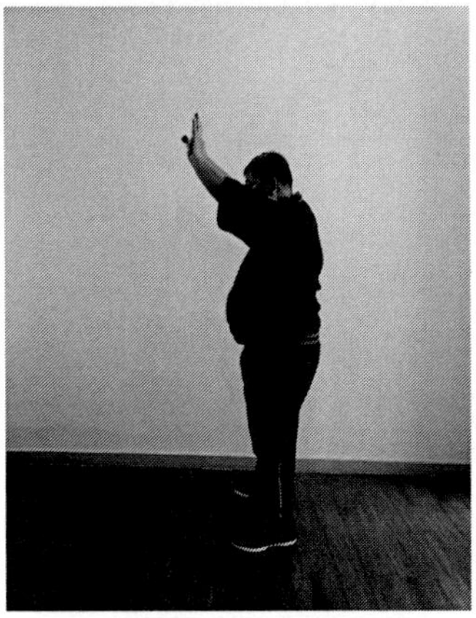

6번 막기 Vertical Block

Blocking Technique No. 6- Vertical block

바로 선 자세 혹은 오픈 스탠스일 때 상대방이 복부를 향해 찌르고 들어올 때 방어하는 자세이다. 이때 오른쪽 발이 앞으로 나가 있는 상태에서 오른발을 축으로 몸 중심을 틀면서 동시에 스틱을 수직으로 세워서 상대방의 스틱을 막는다. 스틱은 오른 손으로 잡으면서 스틱 끝(butt)이 지면과 수직으로 세우는 형태로 막는다. 이때 중요한 것은 왼쪽 손을 동시에 수직으로 가져가면서 스틱을 대는 자세에서 막기를 돕는다.

From attention or open leg stance, step R foot forward and simultaneously pivot on the R foot and twist trunk to face left, and moving the arm with elbows bent in front of the chest with the point of the stick pointing downwards and the butt pointing upward, place the blade of L hand at the middle back portion of the stick.

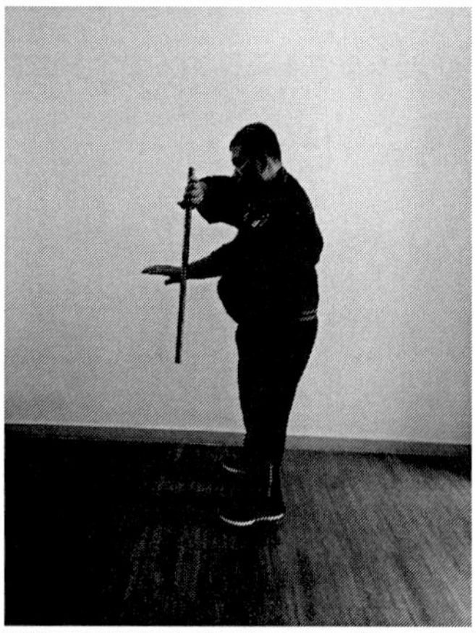

12

기본6개 방어기술과 기본 카운터 어택

1) 1번 치기공격에 대한 방어 및 카운터 어택
2) 2번 치기에 대한 방어와 카운터 어택- 왼쪽 관자놀이 카운터 어택
3) 3번 치기에 대한 방어- 왼쪽 관자놀이 카운터 어택
4) 4번 치기에 대한 방어 및 카운터 어택-4번 막기와 왼쪽 관자놀이 카운터 어택
5) 5번치기에 대한 방어 및 카운터 어택-5번 막기와 왼쪽 관자놀이, 백회혈 치기 방어한 후 카운터 어택
6) 6번 찌르기에 대한 방어 및 카운터 어택-6번 막기를 응용해서 방어한 후 오른쪽 관자놀이 카운터 어택

12 기본6개 방어기술과 기본 카운터 어택

(6 BLOCKING TECHNIQUES WITH BASIC COUNTER ATTACKS)

"기본 6개 치기공격 과 6개 방어기술 연결기술 기본 카운터 어택기법"

"APPLICATION OF SIX STRIKING AND SIX BLOCKING TECHNIQUES WITH BASIC COUNTER ATTACKS"

이 기술은 2인1조로 상호간에 공격과 방어를 바꿔 가면서 교대로 하면서 연습하는 것이 좋다. 이 연습을 통해서 상대방의 공격의 의도를 미리 예측하는 연습, 상대의 공격동선을 파악하고 이에 대한 적절한 방어법을 익히는 등 여러 가지 실전적인 감각을 익힐 수 있다. 이와 같이 연속적인 동작으로 치기와 방어, 그리고 카운터 어택을 연습하는 것이 효율적이다. 한쪽이 상대가 공격자세에서 스틱으로 치고 들어오면 각 국면별에 알맞은 방어를 하고, 바로 연속해서 상대의 급소를 향해 반격(카운터 어택)을 한다.

In teaching the striking and blocking techniques with the appropriate counterattacks, two kinds of drills are recommended. These are the basic drill and the drill with a counterattack. Also, in teaching these skills, make sure that the students are assigned in pairs who take turns alternately to perform them.

이 기본적인 드릴(drill)은 한 쪽 파트너가 공격해 들어오면 다른 쪽은 방어와 카운터 어택을 시도한다. 이때 카운터 어택은 상대 공격선에 따라 유연하게 변화시키면서 시도하며, 연습과정에서는 상대의 안전을 배려하며 집중해서 실시하도록 한다.

In the basic drill, ont of the partners executes the striking technique and the other performs the appropriate blocking maneuver. In the drill with counterattack as term implies, one of the partners executes the striking technique and his partner defends himself with the appropriate blocking maneuver followed by the specified counterattack.

6개 기본 치기와 막기 기법을 하는 경우 다음과 같은 방법으로 실시하도록 한다.

While there are six striking and six blocking techniques, the manner in which these are applied are as follows:

1) 1번 치기공격에 대한 방어 및 카운터 어택

1. Against Striking Technique No.1, apply Block No.1 and Right Temple Counterattack,

- 상대의 공격에 대해 1번 막기로 방어한다.

a) After Block No.1 is applied,

- 상대의 스틱을 막은 후 왼쪽 손으로 상대방의 스틱을 잡는다.

Take hold of the tip of the stick of your opponent with your L hand,

- 상대의 스틱을 강하게 아래쪽 방향으로 내린 후, 오른쪽 스틱으로 상대의 왼쪽 관자놀이를 향해 강하게 공격한다.

Forcefully pull in (stick) downward, and strike his R temple,

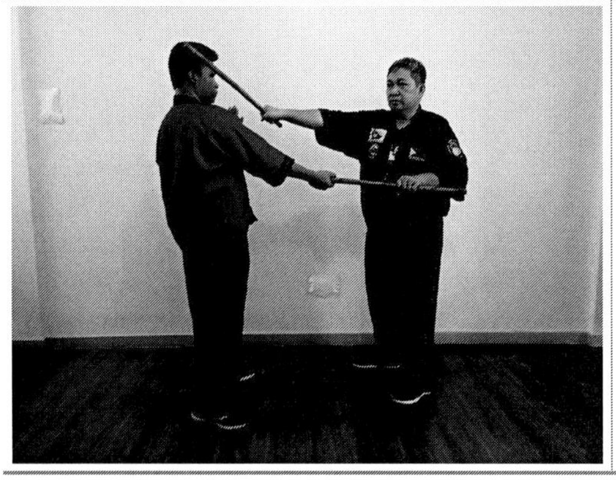

- 이후 처음 자세로 돌아 온 후 온 가드(On Guard)자세를 취한다.

Return to position, or on guard position.

2) 2번 치기에 대한 방어와 카운터 어택- 왼쪽 관자놀이 카운터 어택

Against Striking Technique No.2, apply Block No.2, Left Temple Counterattack, which is performed I this manner:

- 2번 치기에 대한 막기를 한다.

a) After Block No.2 is applied,

- 상대방의 스틱을 오른쪽 위쪽 방향에서 왼쪽 손으로 잡는다.

Take hold of the stick of your opponent right above his grip,

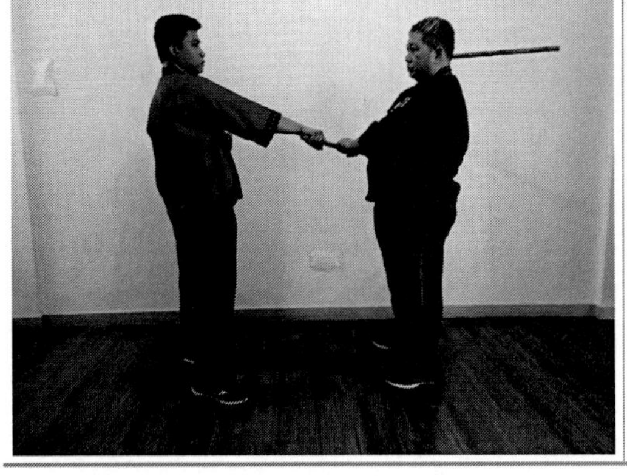

- 강하게 스틱을 잡아당기면서 상대의 오른쪽 관자놀이를 향해 강하게 친다.

Forcefully pull in (Stick) downward and strike his L temple,

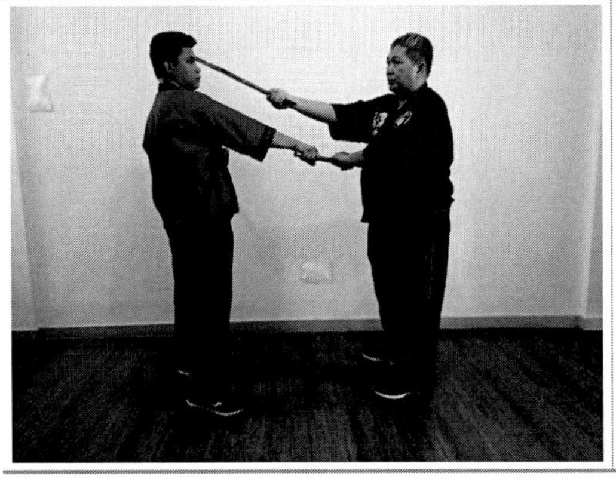

- 이후 처음 자세로 돌아 온 후 온 가드(On Guard)자세를 취한다.

3) 3번 치기에 대한 방어- 왼쪽 관자놀이 카운터 어택

Against Striking Technique No.3, apply Block No.3 and Left Temple Counterattacks, which is performed in this manner:

- 3번 치기에 대한 방어를 한다. After Block No.3 is applied,

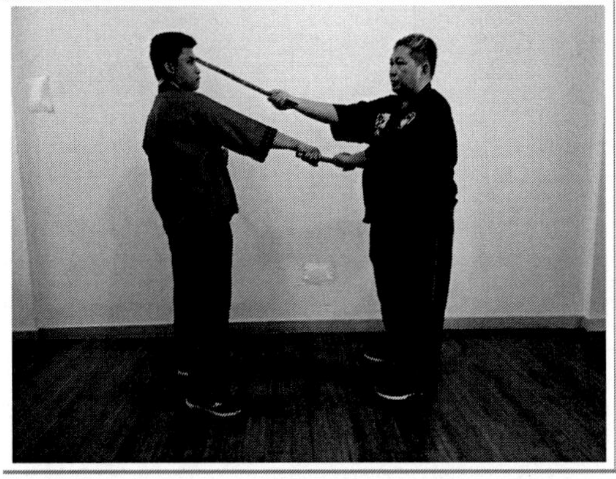

- 상대방의 스틱 끝을 왼손으로 잡는다.

Take hold of the tip of the stick of your opponent,

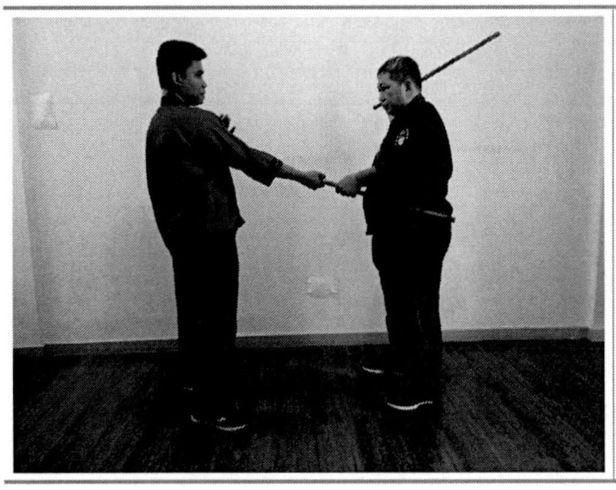

- 강하게 위쪽으로 들어올려 잡은 후 오른쪽 스틱으로 상대의 왼쪽 관자놀이를 향해 가격한다.

Forcefully raise it upward and strike L temple,

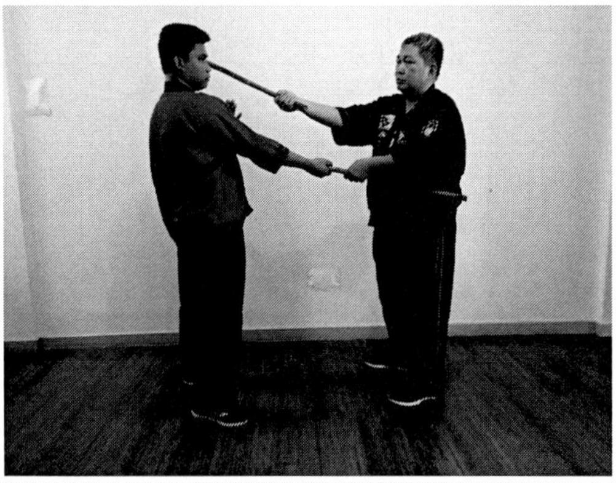

- 이후 처음 자세로 돌아 온 후 온 가드(On Guard)자세를 취한다.

Return to position, or on guard position.

4) 4번 치기에 대한 방어 및 카운터 어택-4번 막기와 왼쪽 관자놀이 카운터 어택

Against Striking Technique No.4, apply Block No.4 and L- Temple Counterattack, which is performed in this manner:

- 4번치기에 대하여 스틱을 사용해 바깥쪽으로 막은 후

After Block No.4 is applied,

- 상대방의 스틱을 잡은 후 오른쪽 방향 위로 들어 올린다.

Take hold of the stick of your opponent right above his grip,

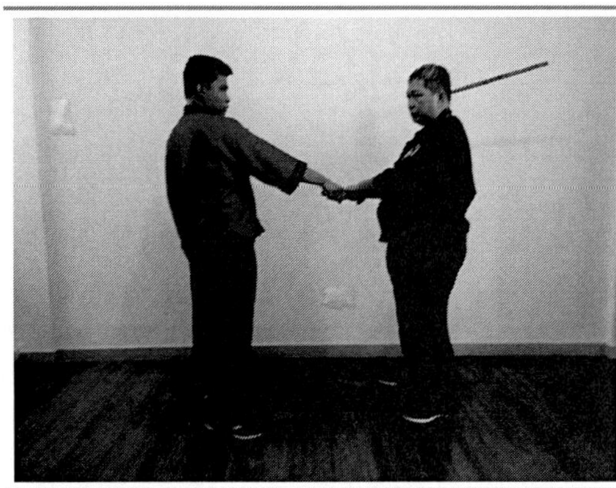

- 강하게 상대방의 스틱을 위로 들어 올리거나 바깥방향으로 강하게 틀어 올린 다음 상대방의 왼쪽 관자놀이를 가격한다.

Forcefully raise it (Stick) upward (or twist it outward left) and strike his L-temple

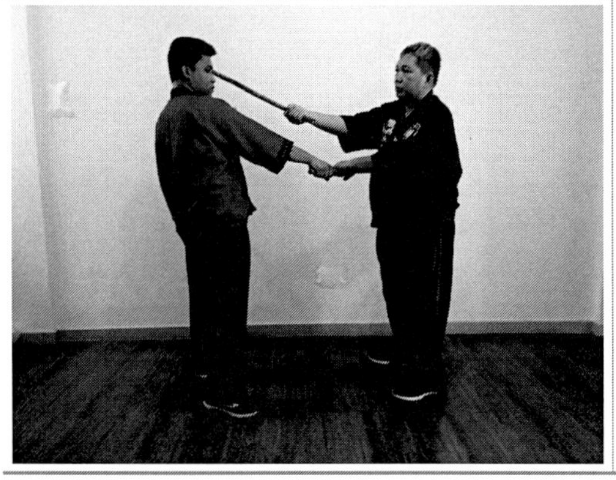

- 처음 자세로 돌아 온 후 온 가드 자세를 취한다.

Return to position, or on guard position.

5) 5번치기에 대한 방어 및 카운터 어택-5번 막기와 왼쪽 관자놀이, 백회혈 치기 방어한 후 카운터 어택

Against Striking Technique No.5, apply Block No.5 apply Block No.5 and Left Temple or Head Counterattack, which is performed in this manner:

- 5번치기에 대하여 스틱을 사용해 막은 후
After Block No.5 is applied,

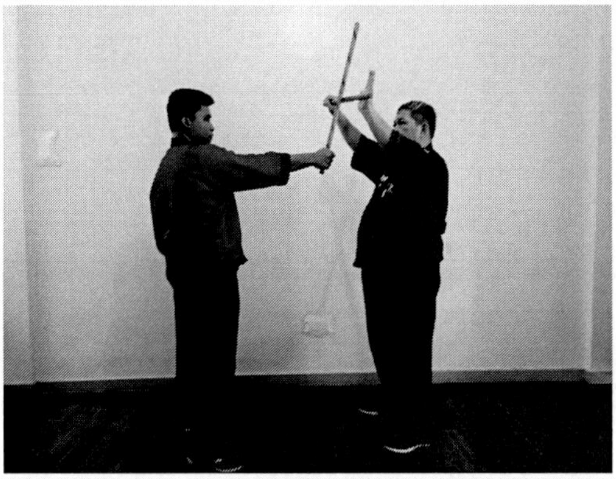

- 상대방의 스틱을 강하게 아래쪽 방향으로 틀어 내린 후 왼쪽 관자놀이를 가격한다.
Take hold of the stick of your opponent above his grip, Forcefully push it downward and strike

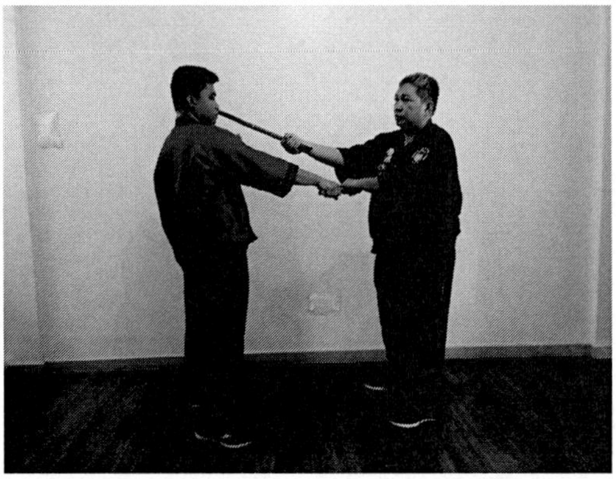

- 처음 자세로 돌아 온 후 온 가드 자세를 취한다.

Return to position, or on guard position.

6) 6번 찌르기에 대한 방어 및 카운터 어택-6번 막기를 응용해서 방어한 후 오른쪽 관자놀이 카운터 어택

Against Striking Technique No.6, apply Block No.6 Thrust at the abdomen and Right Temple Counterattack, which is performed is this manner:

- 6번의 몸통 찌르기에 대하여 스틱을 사용해 6번 막기를 한 후

After Block No.6 is applied

- 이때 수직으로 스틱을 세운 자세로 방어를 한다.

In vertical blacking position

- 상대방의 스틱을 잡은 후 상대방의 스틱을 잡은 후 상대방의 오른쪽 관자놀이를 가격 한다.

Take hold of the stick of your opponent above his grip, Forcefully apply Right counter to his R-temple.

- 처음 자세로 돌아 온 후 온 가드 자세를 취한다.

Return to position, or on guard position.

13

전통 아르니스 치기법과 응용기법

1) 원 사이드 블래이드
2) 수평 슬래싱
3) 업 앤드 다운(Taas Baba)-팔의 위치는 일보 전진 한 상태를 취하고
4) 아바니코 코르토
5) 아바니코 라르고
6) 피규어 8
7) 부핫 아라우

13 전통 아르니스 치기법과 응용기법

(TRADITIONAL FORMS AND APPLICATION)

DESCRIPTION OF THE TRADITIONAL STRIKING TECHNIQUES or CLASICAL FORM TECHNIQUE

전통 아르니스계열의 치기법과 클레시컬(Classical) 자세와 기법

모든 기법은 오른 발이 일보 전진한 상태에서 이루어지고 손과 팔의 위치도 공격기법이 시작되는 자세를 취한다.

All these striking techniques are performed with the Right Forward Stance and with arms and hands in "Fighting Stance," position,

Up and Down-(Taas Baba) With the arms pointing forward, swing the stick upward and downward continuously, with the movements emanating from the shoulder and not the elbow.

This technique is used to strike the head, R and L clavicle, and the forearm; and is useful for countering the Double Sinawali, Redonda or "X" Movement.

1) 원 사이드 블래이드(One Side Blade: Rompida)

오른쪽 팔을 위쪽 방향으로 들어 올린다. 팔꿈치는 구부려서 얼굴 높이로 위치하게 하며, 스틱은 아래쪽 방향으로 흔들면서 왼쪽 머리위로 그리고 강하게 아래쪽으로 강하게 내려 친다. 동작을 반복해서 21회 정도 연속해서 실시한다.

이 기법은 상대방의 머리와 쇄골을 타격목표로 하며 상대방이 과도하게 접근한 상태이거나 밀착한 상태에서 상대방을 공격하는 기법이다.

2) 수평 슬래싱(Banda Y Banda)

스틱의 스윙방향을 수평으로 해서 좌우 방향을 베는 듯 한 동작으로 교대로 스라싱을 한다. 이 스틱동작은 상대방의 공격에 대하여 방어하는데 매우 효율적이며 상대방의 접근에 대한 거리 조절에도 많은 도움이 된다.

3) 업 앤드 다운(Taas Baba)-팔의 위치는 일보 전진한 상태를 취하고

아래쪽에서 위쪽으로 연속적으로 올려 베는 자세를 취한다. 이때 중요한 점은 팔꿈치만으로 타격하지 말고 어깨 근육과 같은 큰 근육을 사용하도록 연습한다. 이 기법은 주로 상대의 머리 부위와 쇄골부위를 타격목표로 한다. 또한 이 동작은 더블 시나와리, 로돈다, "X"형태의 움직임으로 응용할 수 있다.

Up and Down-(Taas Baba) With the arms pointing forward, swing the stick upward and downward continuously, with the movements emanating from the shoulder and not the elbow.

This technique is used to strike the head, R and L clavicle, and the forearm; and is useful for countering the Double Sinawali, Redonda or "X" Movement.

4) 아바니코 코르토(Abaniko Corto-Dikitan Pamay Pay)

스틱의 밑 부분(Butt)을 허리 높이로 하고 앞부분(Pointing)은 눈높이에 위치하도록 한다. 이러한 자세는 상대방의 공격에 대한 방어의 자세가 동시에 이루어지며, 상대의 공격에 대해 손목을 좌우로 강하게 틀면서 스틱을 팬(Fannig)을 돌리듯이 돌린다. 손목의 강한 스냅을 이용하여 스틱으로 가격이 가능하며, 이때 몸전체의 탄력을 이용하면 보다 강력한 타법이 이루어 진다. "아바니코(Abanico)"라는 말은 스페인어이며, 영어로는 "팬(Fan)"이라는 뜻이다.

Abancio Corto-(Dikitan Pamay-pay)(Close-range Fun movement) With lowered so that the butt is at waist level and the point is above the eye-level, in such a way that the upper part of the body is protected, start twisting the wrist to move the stick sideward left and right alternately, simulating the movements of "fanning" yourself. The "abanico" is Spanish which means fan in English. This technique is a defensice maneuver aimed at protecting yourself from objects thrown towards you.

5) 아바니코 라르고(Abanico Largo)

오른 발을 일보 내딛은 자세, 혹은 45도정도 비스듬하게 준비 자세를 잡는다. 스틱의 스윙을 반원을 그리듯이 크게 그리며 하고 스윙 방향은 몸통의 중심으로 "X"자 모양이 되도록 하고 좌측과 우측을 교대로 바꿔가면서 연습 한다. 이 자세는 두 명 혹은 여러 명의 상대가 공격을 하는 경우 방어하기가 용이한 기법이며, 상대방이 접근했을 경우에도 효율적으로 사용할 수 있는 기법이다.

Abancio Largo-(Malayuan pamay-pay)(Long-range Fun) Assume Oblique or Forward Right Stance. Swing the stick in half or semi-circles in front and across the body, twisting the trunk sideward left and right, alternately.

A defensive strategy against two or more opponents to prevent them from getting close to you.

6) 피규어 8(Figure Eight)

기본 피규어 8 자세에서 상대방을 향해 블레이드를 왼쪽 사이드 방향으로 올려 치는 동작이며, 이후 오른쪽 어깨 높이에서 둥글게 방향을 전환시킨 후 오른쪽 사이드로 올려 치는 동작이다. 이 동작은 전체적으로 8자가 옆으로 누워 있는 형상을 이미지화 하면서 연습하는 동작이다.

Fugure 8-(Piguru Otaso) Twist the trunk sideward right to bring the stick behind and swing downwards(as if to strike the left knee of the opponent); continue to move the arms upward and twist the body sideward left continuing the arm movement with the butt of the stick leading until the knuckles of the hand are facing downward and crosses the face; twist the wrist and forearm counter-clockwise until the knuckles are facing upward and strike(as if to hit the right temple of the opponent), and continue the movement of the arms to complete a figure 8.

This is an offensive tactic used for striking the left knee, followed by the hitting the right temple of the opponent as well as his forearm.

7) 부핫 아라우(Buhat Araw-Rising Sun Strike)

이 기법은 일명 레인보우(Rainbow)라고 하는 기법이다. 무지개를 그리듯이 어깨 높이에서 스틱을 가져가서 둥근 원을 그리듯이 아래에서 위로 그리고 다시 아래 방향으로 움직인다. 이때 얼굴 높이에서 상대방의 공격을 막아내는 방어가 이루어지도록 한다. 스탭은 오른발과 왼발을 교대로 내딛으면서 실시하며 자세는 낮은 자세를 유지하도록 한다.

Doble Sero-(Doblada) Doble sero means “double zero” or “two zeros.” This is because the movement involved executing two ciraular (like the figure “0”) overhead, done in this manner: From the Right Forward Stance, step the L foot sideward, simultaneously bringing the stick downward backward; swing the arms upward and make a circling movement overhead, continue by bringing the stick downward to the right and the back, to repeat the entire movement for execution of the figure “0” overhead.

Repeat for several counts.

14

DISARMING TECHNIQUES WITH 1 TO 6 COUNTER ATTACK

1) 안쪽 틀어 꺾고 싱글 카운트 어택
2) 스틱 트위스트 탈취기법- 싱글 카운트어택(상대방 왼쪽 관자놀이 타격법)
3) 하단공격(왼쪽 무릎)에 대한 방어 및 카운트어택 기법
4) 오른쪽 하단 가격에 대한 방어 및 카운터 어택
5) 5번 치기(백회혈치기)에 대한 방어 및 카운트 어택
6) 버티컬 다운워드 손목 치기

14 DISARMING TECHNIQUES WITH 1 TO 6 COUNTER ATTACK

이 기법은 매우 중요한 기법으로 상대의 공격에 대한 방어와 반격, 그리고 상대의 급소를 공격하는 연습 방법이다. 또한 상대방과의 거리. 리듬, 기감 등을 파악하는 능력을 양성 할 수 있다.

The skills presented in this lesson incorporate both the execution of a disarming technique with counterattack, as one complete movement.

이 기법은 모두 한 SET마다 6개의 방어와 공격기법이 들어 있으며 상대방의 무기 탈취법, 관절기법, 락(ROCK)기법 등으로 이루어져 있다. 그리고 SET1-SET4번까지 모두 24개 기법으로 이루어져 있다. 여기서는 우선 SET1과 SET2만을 소개하기로 한다.

SET 1

1) 안쪽 틀어 꺾고 싱글 카운트 어택(INSIDE WARD TWISTING TECHNIQUE WITH SINGLE COUNTER ATTACK)

(1) 상대방이 왼쪽 관자놀이를 향해 공격(1번 치기법)해 오는 경우

Apply Block No.1 and R-Temple Counterattack, which is performed in this manner:

- 오른발이 일보 전진하면서 몸통을 틀어 상대의 공격을 막아낸다.

Take hold of the tip of the stick of your opponent with your L hand,

- 왼손으로 상대의 스틱을 잡고 강하게 틀어 돌리면서 당긴다. 상대손목을 뒤집는 모양으로 순간적으로 돌리면서 당긴다.

Take hold of the tip of the stick of your opponent with your L hand,

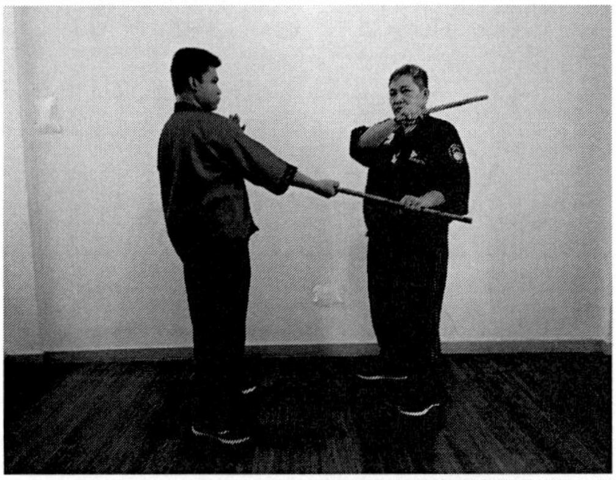

- 오른쪽의 스틱으로 상대의 손목부위를 가격하고 이어서 상대방의 오른쪽 관자놀이와 안면을 가격한다.

Forcefully pull twisting upward and push it (stick) downward to disarm the stick of your opponet, and strike his R temple,

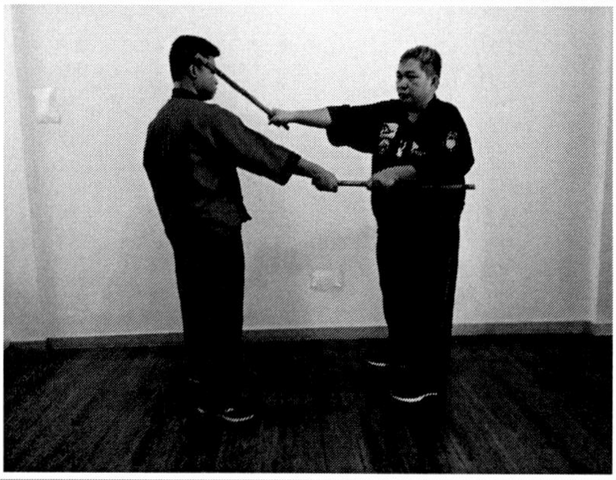

- 처음 위치로 돌아온다. 혹은 온 가드(On Guard) 자세를 잡는다.

Return to position, or on guard position.

2) 스틱 트위스트 탈취기법- 싱글 카운트어택(상대방 왼쪽 관자놀이 타격법)

2) STICK WRIST TWISTING TECHNIQUE with single Counterattack to left temple, Against Striking No.2,

- 상대방이 왼쪽 관자놀이를 향해 2번 치기법으로 가격해 오면

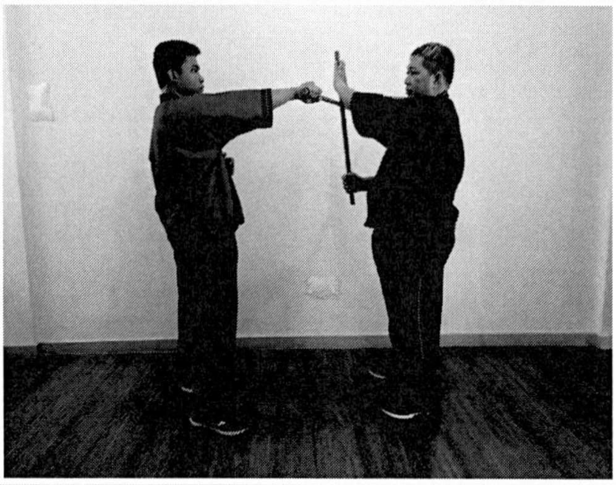

- 2번 방어법으로 스틱을 막은 후 자신의 스틱을 상대방의 그립위로 가져가서 강하게 아래쪽 방향으로 틀어 손목이 꺾이도록 한다.

Apply Block No.2, Left Temple disarm and Counterattack, which is performed in this manner:Take hold of the stick right above his grip, of your opponent and twist the stick and push downward direction to disarm

- 몸을 틀어 강하게 상대방의 왼쪽 관자놀이를 가격한다.

Forcefully strike his L temple,

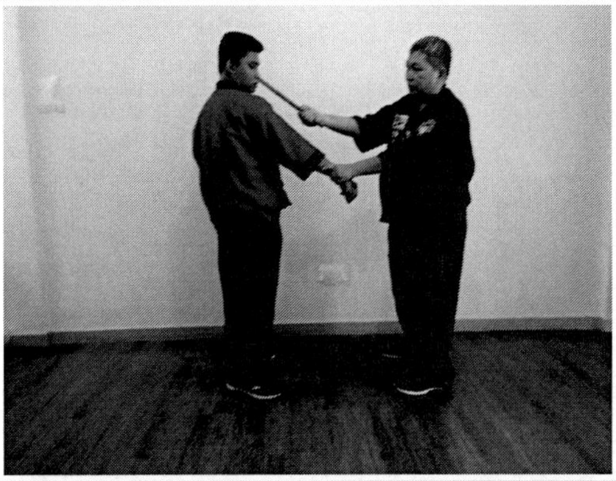

- 처음 위치로 돌아온다. 혹은 온 가드(On Guard) 자세를 잡는다.

Return to position, or on guard position.

3) 하단공격(왼쪽 무릎)에 대한 방어 및 카운트어택 기법

(Downward Thursting Technique With Counterattack)

Against Striking No.3, apply Block No.3 and L-knee with Counterattacks, which is performed in this manner:

- 상대방의 하단공격(3번치기)에 대해 3번 막기로 방어한다.

After Block No.3 is applied,

- 자신의 스틱을 상대방의 바깥쪽 방향으로 비껴서 위를 향해 찌른다.

Take hold of the tip of the stick of your opponent deliver thrusting upward

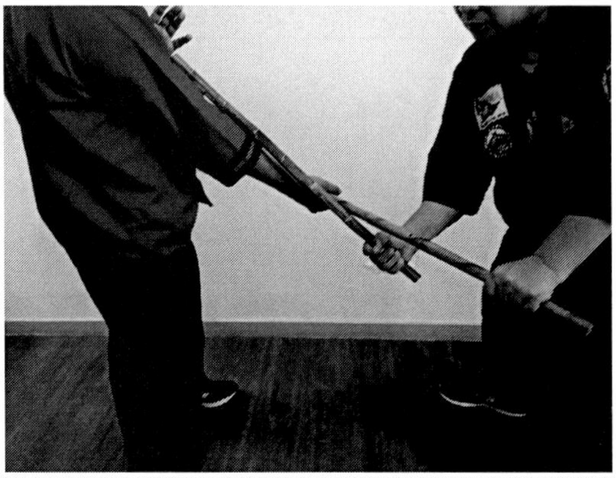

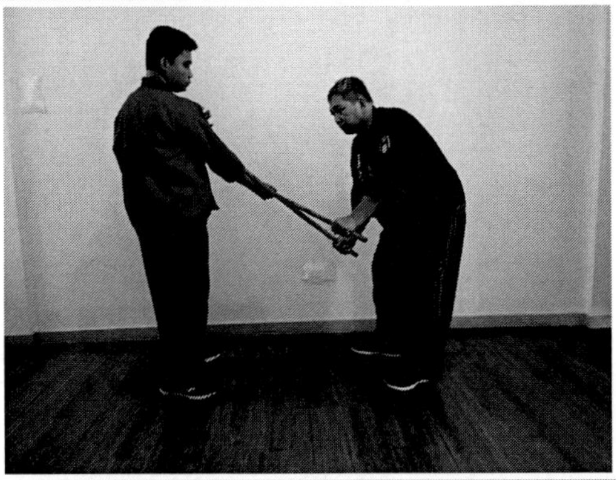

- 스틱이 교차된 상태이므로 선(선)으로 강하게 비틀어 상대방의 손목이 꺾인 상태가 되도록 한다.

Forcefully twist the stick to disarm the and strike the R-Temple with single counter.

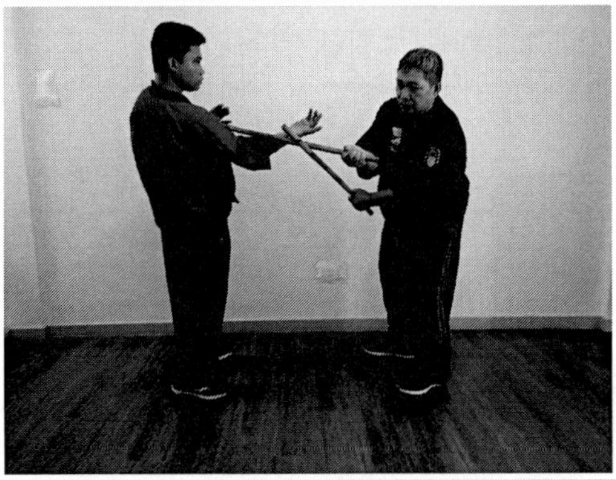

- 상대의 오른쪽 관자놀이 급소를 강하게 가격한다.

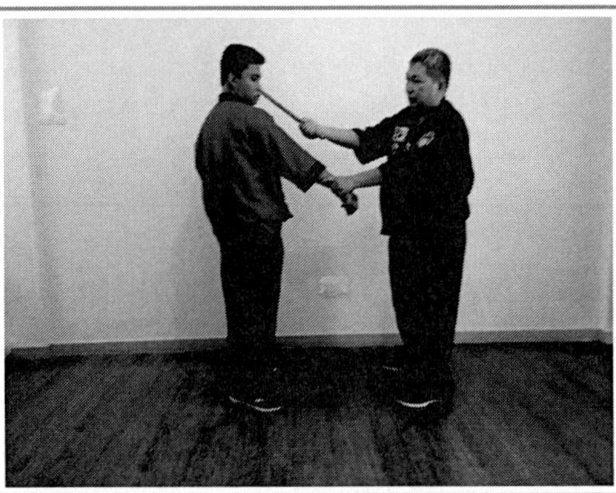

- 처음 위치로 돌아온다. 혹은 온 가드(On Guard) 자세를 잡는다.

Returun to position, or on guard position.

4) 오른쪽 하단 가격에 대한 방어 및 카운터 어택

(Right Lower Downward Push)

- 4번 치기(오른쪽 무릎 하단)에 대하여 4번 막기법으로 스틱을 막는다.

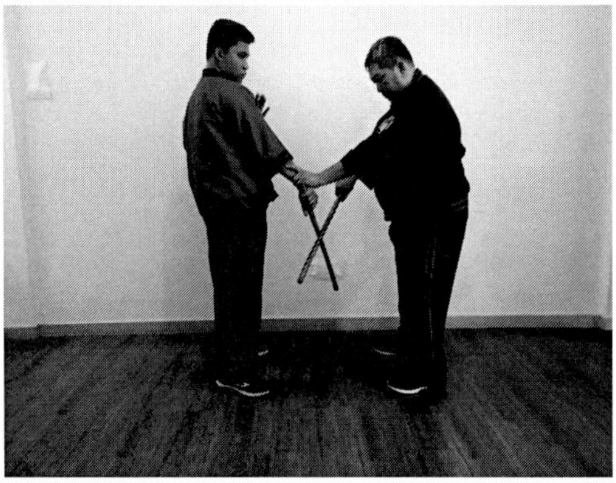

- 왼쪽 손으로 상대의 스틱 잡은 손을 잡는다.

Take hold of the R-Hand of your opponent right above his grip,

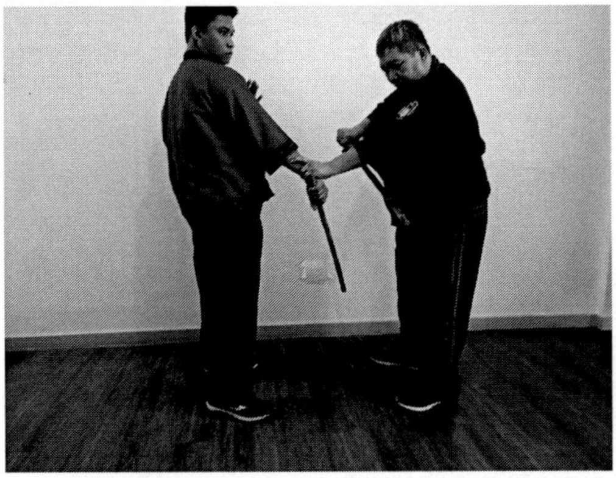
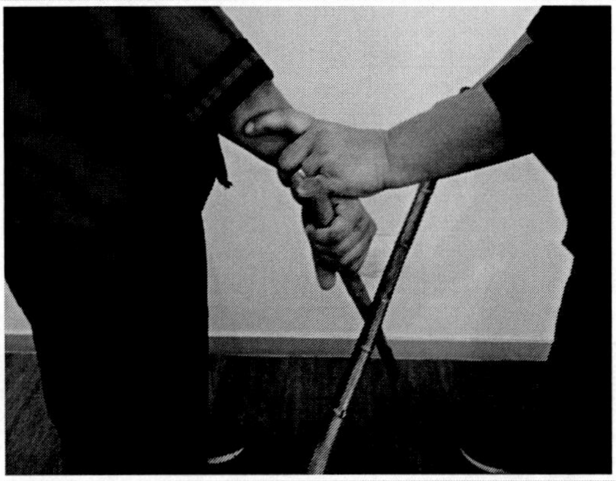

- 강하게 밀면서 상대의 스틱을 아래 방향으로 튼다. 그리고 상대의 스틱을 강하게 쳐서 아래로 떨어트린다.

Forcefully push and twist the stick in downward direction

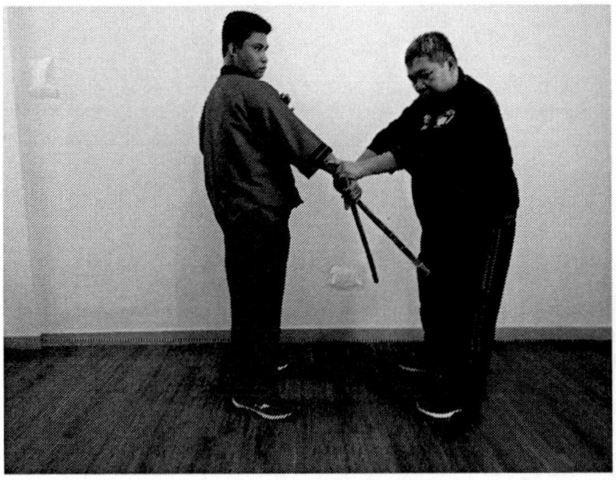
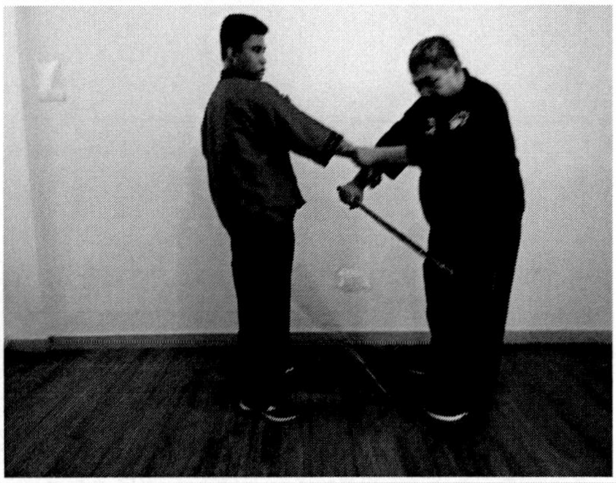

- 상대의 왼쪽 관자놀이급소를 가격한다.

strike his L-temple

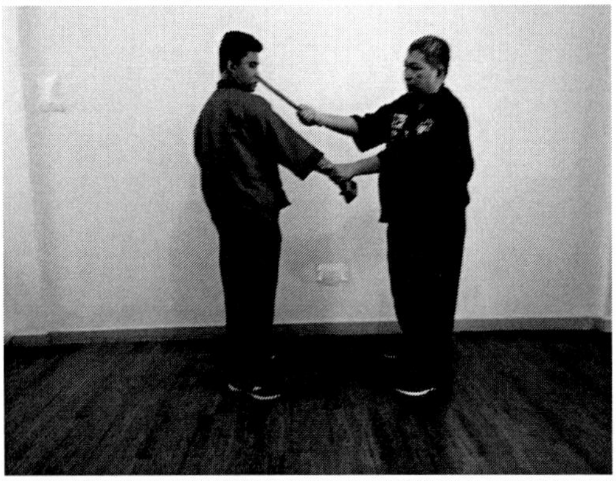

- 처음 위치로 돌아온다. 혹은 온 가드(On Guard) 자세를 잡는다.

Return to position, or on guard position.

5) 5번 치기(백회혈치기)에 대한 방어 및 카운트 어택

(Right Hand Upward Downward)

Against Striking Technique No.5, Apply Block No.5 apply and Left Temple or Head Counterattack, which is performed in this manner:

- 5번치기(백회혈치기)에 대하여 스틱으로 얼굴막기 형태로 상대의 스틱을 막는다.

After Block No.5 is applied, By caching of your Left hand, the R-hand of the opponent going down ward movement

- 왼손으로 상대의 스틱을 잡고 아래 방향으로 강하게 틀어 내린다.

Take hold the R-hand above the grip (Right hand over Left hand)

- 오른손 스틱으로 상대의 스틱을 강하게 쳐서 떨어트린다.

push downward to disarm of the stick of your opponent.

- 상대의 왼쪽 관자놀이 급소를 가격한다.

Apply counter strike to his L-temple,

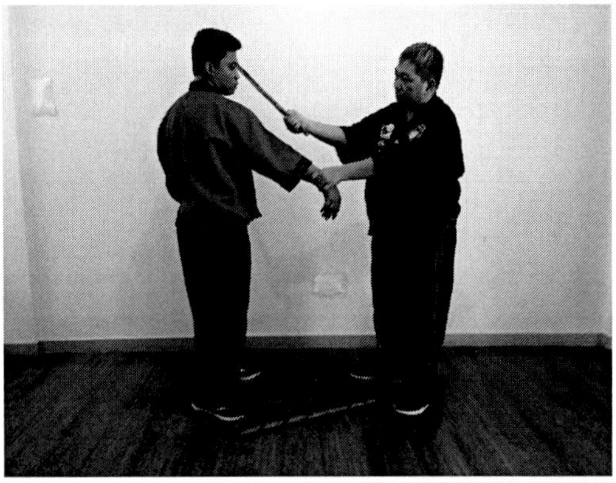

- 처음 위치로 돌아온다. 혹은 온 가드(On Guard) 자세를 잡는다.

Return to position, or on guard position.

6) 버티컬 다운워드 손목 치기(Vertical Downward Wrist Strike)

Against striking Technique No.6, apply Block No.6, Thrust at the abdomen and strike to the Right side to Counterattack, which is performed is this manner:

- 6번 찌르기 공격에 대하여 6번 방어법으로 상대의 스틱을 막는다.

After Block No.6 is applied

- 중요한 점은 상대의 공격선에서 자신의 스틱을 수직으로 세우고, 몸을 틀어 비끼는 동작으로 빠른 순간동작이 필요하다.

In vertical blacking position

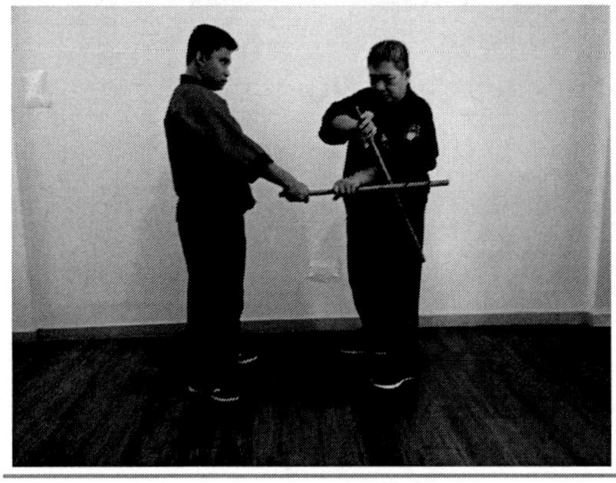

- 상대의 스틱 그립부위를 잡는다.

Take hold of the stick of your opponent above his grip,(in Right over Left hand position)

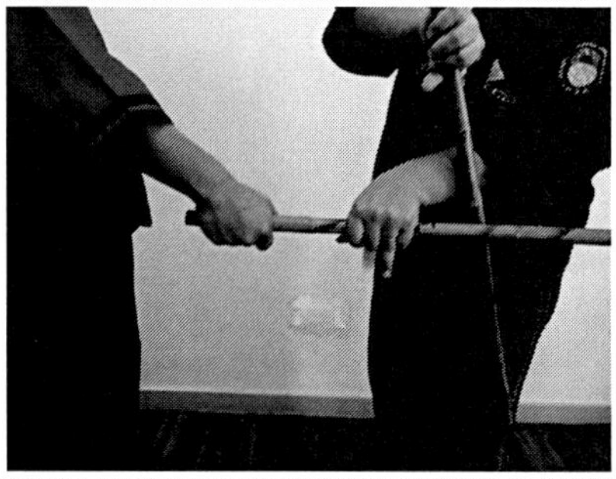

- 강하게 수직선상으로 상대의 손목을 아래 방향으로 끌어당긴 다음 오른쪽 스틱으로 상대의 오른쪽 관자놀이를 가격한다.

Forcefully apply vertical downward wrist strike and deliver Right counter to his R-temple

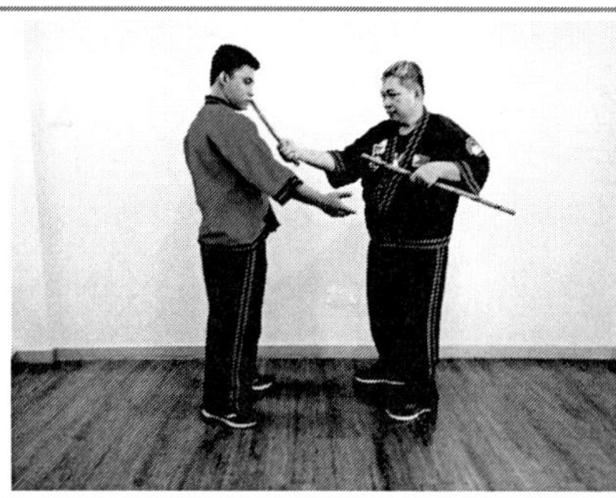

- 처음 위치로 돌아온다. 혹은 온 가드(On Guard) 자세를 잡는다.

Return to position, or on guard position.

15

안요

(ANYO FORM)

15 안요(ANYO FORM)

ANYO는 아르니스의 기본자세를 혼자 연습할 수 있도록 구성되어 있다. 이는 태기아 자흔의 세(勢), 합기도의 교(敎), 태권도의 품세와 같은 개념으로 이해하면 된다. 안요 수련을 통해 기본적인 타격법과 스탭 이동방법, 균형감각, 타이밍, 몸 쓰기 동작을 익힐 수 있다. 특히 안요를 통해 아르니스의 기본예법과 올바른 자세를 익힐 수 있다.

All anyo start with courtesy and end with coutesy anyo or form is a back bone of martial arts. It is a coordination of correct stances, balace, timing proper delivery of strike, blacking, execution of arts,

아르니스의 안요는 1번부터 5번까지로 구성되어 있으며, 본 교재는 1번,2번만을 소개하도록 한다. 모든 안요는 인사부터 시작하여 오픈 스탠스와 온 가드(On Guard)자세부터 시작한다.

안요1번(ANYO ISA)- 스탠딩 차렷 자세에서 스틱을 왼쪽 가슴에 대고 "부카이"를 하면서 "PO"라고 시작 신호를 한다.

1. 오른쪽 발을 일보 전진하면서 오른쪽 아래쪽으로 비스듬히 가격한다.
First R-Foot forward stance delivers R-Downward strike,

2. 왼쪽 발을 일보 전진하면서 왼쪽 아래쪽을 비스듬하게 가격한다.
Stepping in L-foot forward stance delivered L-Downward strike

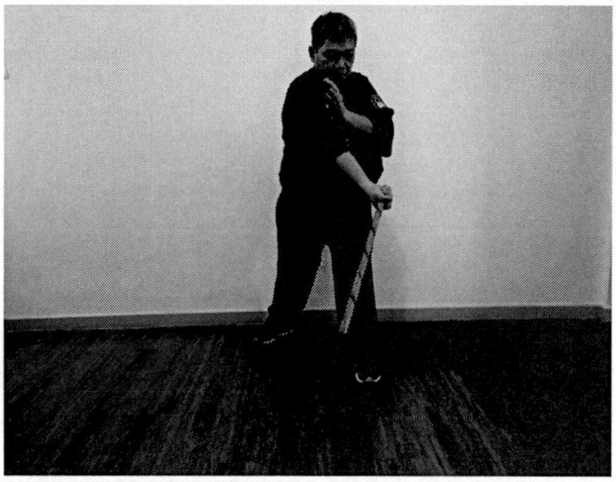

3. 오른쪽 발을 내딛으면서 오른쪽 스틱을 수평방향으로 친다.

R-Foot to straddle stance delivered horizontal strike

4. 오른쪽 발을 뒤로 빼면서 오른쪽 하단치기를 한다.

R-Foot stepping back execute R-Downward strike

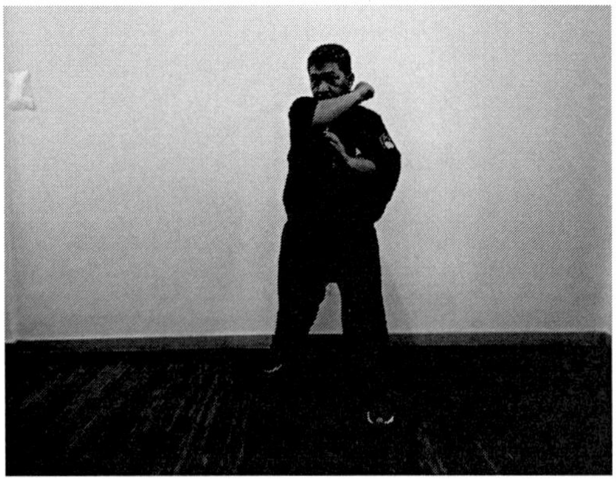

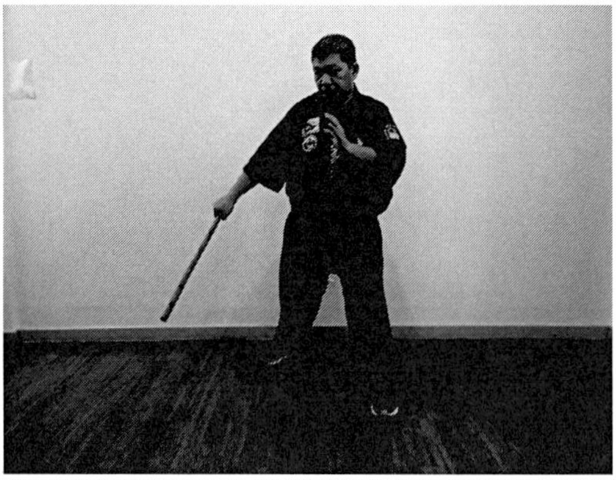

5. 왼쪽 발을 뒤로 빼면서 왼쪽 하단치기를 한다.

L-Foot stepping back execute L-Downward strike

6. 오른발을 일보 전진하면서 오른쪽 방향으로 스틱을 세워 미들블로킹 한다.

R-Foot stepping in execute R-Middle outside black

7. 왼쪽 발을 일보 전진하면서 왼쪽 방향으로 스틱을 세워 미들 블로킹한다.
L-Foot stepping in execute L-Middle inside black

8. 오른쪽 발을 뒤로 일보 빠지면서 오른쪽 방향으로 피규어(Figure8)동작으로 올려 친다. R-Foot backward execute R-Figure 8

9. 왼쪽 발을 뒤로 일보 빠지면서 왼쪽 방향으로 피규어(Figure8)동작으로 올려 친다.
L-Foot Backward execute F-Figure 8

10. 스탠딩 자세에서 원을 그리는 듯 한 동작으로 앞면 백회혈을 내려친다.
Stationary stance execute circular downward strike

11. 오른쪽 발을 뒤로 빼면서 아래쪽 하단 막기, 왼쪽 바깥쪽으로 막기동작을 한다.
R-Foot backward execute L-Downward outside block

12. 왼쪽 발을 끌어당기면서 양손으로 스틱을 잡고 인사를 하고 마무리를 한다.
R-foot forward stance, Back to open legs stance and execute courtesy Bow

안요2번(ANYO DARAWAN)ANYO DALAWA: (FORM TWO)

- 스탠딩 자세에서 스틱을 왼쪽 가슴에 대고 "부카이"를 하면서 "PO"라고 시작 신호를 한다. **Start from courtesy then open legs stance on guard position**

- 오른쪽 발을 일보 전진하면서 오른쪽 손으로 피규어8 치기(Slice upward) 자세를 잡는다.

First Right foot stepping in straddle stance strike R-hand half figure 8, position

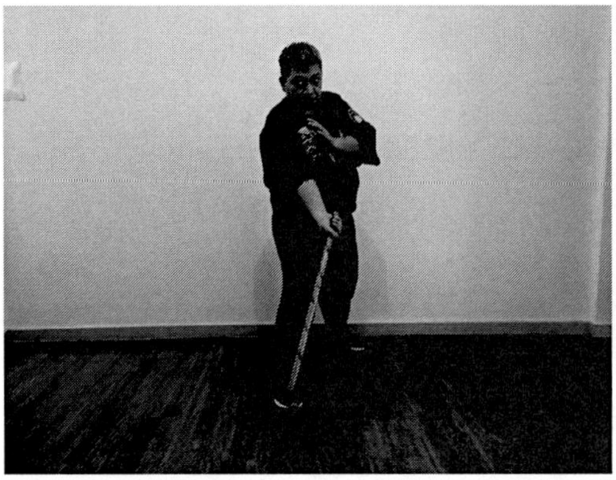

- 오른 발을 축으로 해서 왼쪽 발을 180도 턴하면서 오른손 스틱으로 반원을 그리면서 중간에서 상정된 상대방의 백회혈을 내리친다.

Turn your Left foot in forward stances backward position

- 오른발 뒤로 빠지면서 오른쪽 하단을 친다.

Next R-Foot in forward stance deliver R- downward black,

- 왼발 전진하면서 피규어8 치기를 한다.

Next Right foot stepping in straddle stance strike R-hand half figure 8, position

- 오른쪽 방향으로 턴을 하면서 다시 반원을 그리며 백회혈치기를 한다.

Turn your Left foot, in forward stances backward position deliver your R-hand turning in to your head in striking downward black,

- 오른발 뒤로 빠지면서 상정된 상대방의 오른쪽 하단을 가격한다.

Next R-Foot in forward stance deliver R-downward black,

- 오른발을 당기면서 스탠딩 자세를 취한다.

Stepping in to open legs position

Back to open legs stance and execute courtesy Bow

안요 3

- 오른발이 전진하면서 왼쪽 사이드 막기를 한다.

- 그 자세에서 오른쪽 사이드 막기를 한다.

- 제자리에서 오른발을 구르며 상단 막기를 한다.

- 왼쪽발이 전진하면서 슬라이스 업워드 자세를 취한다.

- 오른발 전진하면서 머리 위에서 2회 회전시키면서 오른쪽 관자놀이를 가격한다.

- 왼발을 앞으로 오른발을 뒤로 빠지면서 하단 치기를 한다.

- 오른발 전진하면서 업워드

- 왼발 전진하면서 업워드

안요 4

- 준비 자세를 취한다.

- 오른쪽으로 턴하면서 안에서 바깥쪽으로 하단을 친다.

- 왼발 전진하면서 오른쪽 하단을 바깥쪽에서 안으로 친다.

- 다시 왼발을 축으로 오른쪽으로 턴하면서 하단을 친다.

- 왼발 전진하면서 오른쪽 치기를 한다.

- 오른쪽으로 턴하면서 블록 막기

- 오른발전진하면서 왼쪽 블록 막기

- 오른발 전진하면서 상단막으면서 "PO"

- 뒤에 있는 왼발을 90도 턴하면서 오른손 업워드

- 오른발 전진하면서 오른손 역방향 업워드

- 왼발 전진하면서 오른손 업워드

- 왼발 전진하면서 왼쪽 블록

- 오른발 전진하면서 오른쪽 블록

- 오른발 턴하면서 역방향 업워드

- 왼발 전진하면서 업워드

- 오른쪽 턴하면서 업워드

- 왼발 전진하면서 업워드

- 정면 보면서 중단치기 자세

- 제자리 스탠딩자세하면서 "PO"

안요 5

- 준비 자세를 취한다.

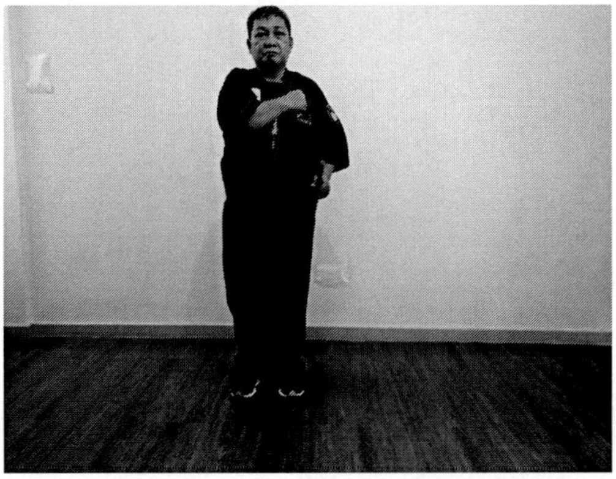

- 정면에서 오른 발 전진하면서 칼을 빼는 자세를 취한다.

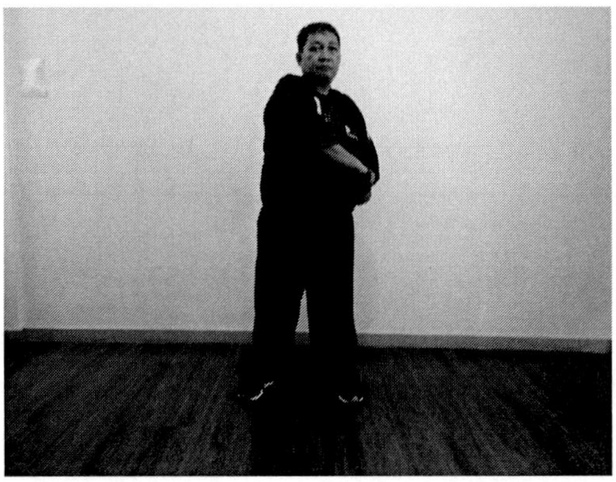

- 왼쪽으로 몸을 틀면서 왼발이 꼬인 낮은 자세에서 블록

- 오른쪽으로 몸을 틀면서 꼬인 자세에서 블록

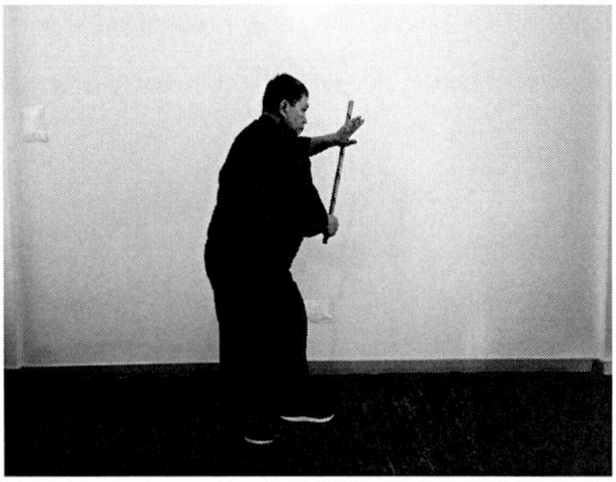

- 왼발 전진하면서 지르는 상단 블록

- 오른발 전진하면서 업 워드 슬라이스 앤드

- 오른발 반복 끌어 들이면서 슬라이스

- 오른발 전진하면서 강하게 앞 방향 찌르기

- 왼발 끌어당기면서 오른 발 끌어올리기

- 피니시- 찌르는 자세

아르니스에서 사용하는 무기류

1. 바론(BALON)

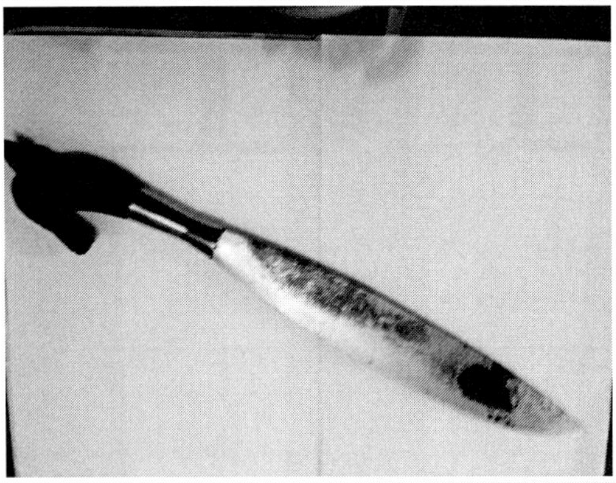

2. 트레시칼 토스트(TRESCAL TOST)긴 막대

3. 코드시료 나이프(KODSILYO NIFE)

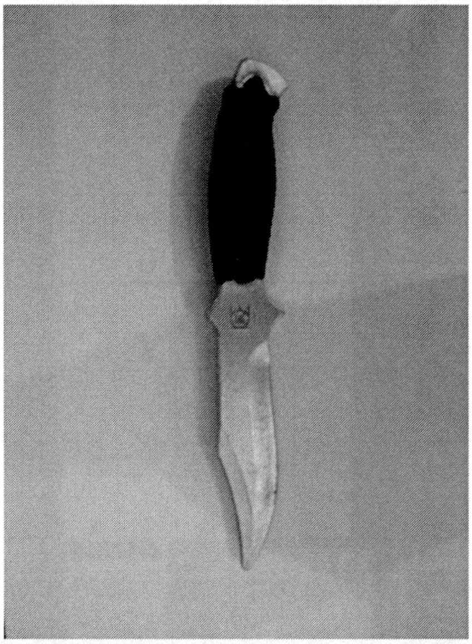

4. 빠라로우(BALARAW) 구멍 뚫린 칼

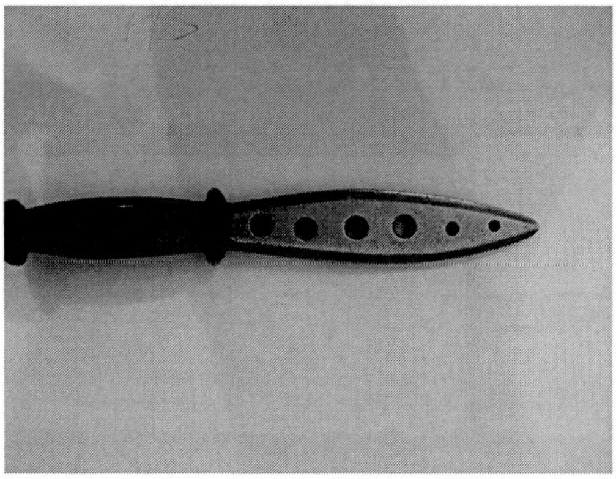

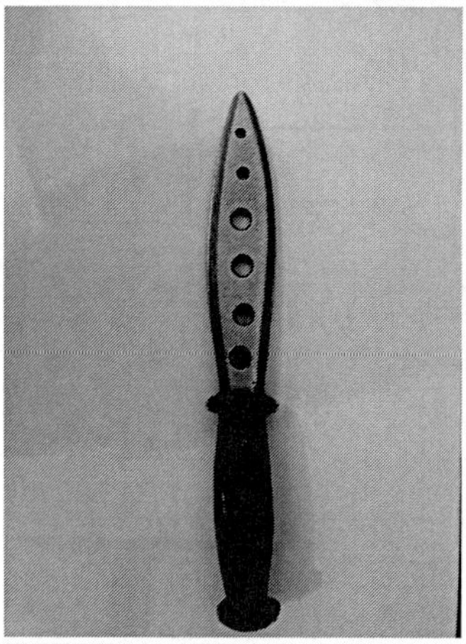

5. 바리송(BARISONG)잭 나이프

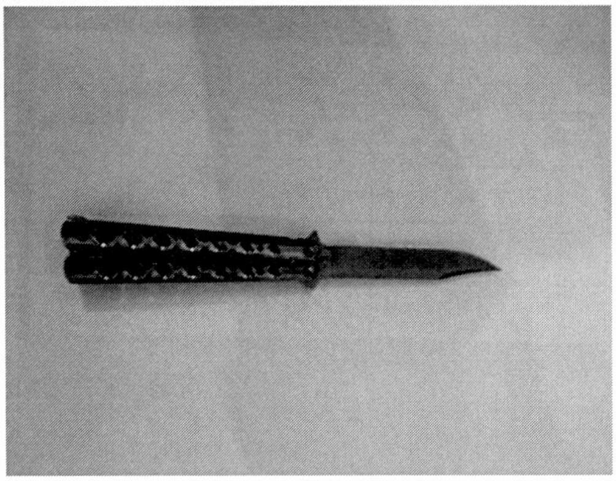

6. 상곳 / 카람빗(SANGOT/KARAMBIT)

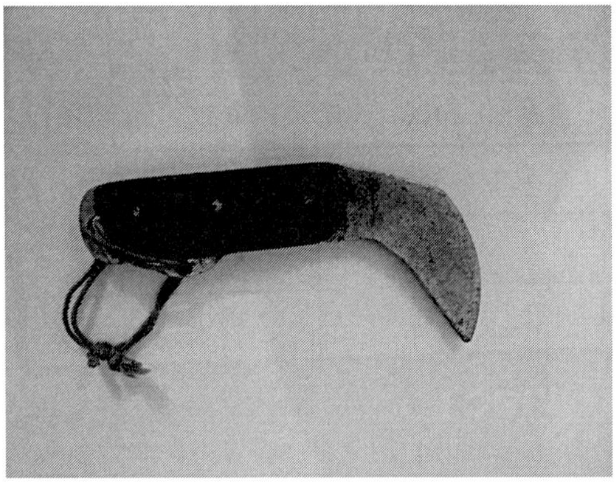

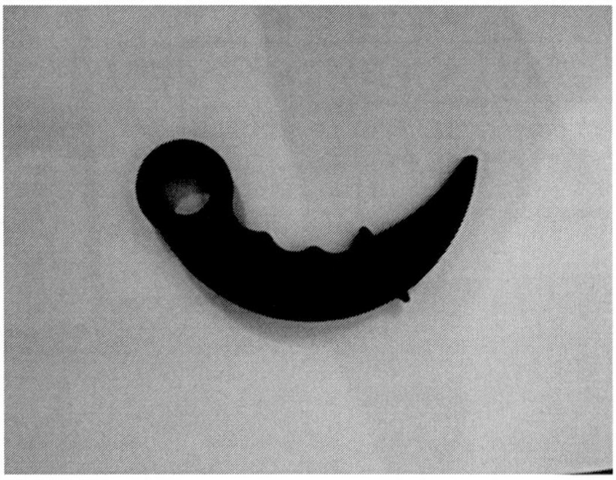

7. 자빈그리자(JABINGLIJA) / 라세로(RASERO)-손가락 끼어 치는 것

8.둘로둘로(DULODULO)-손아귀에 쥐고 찍는 것

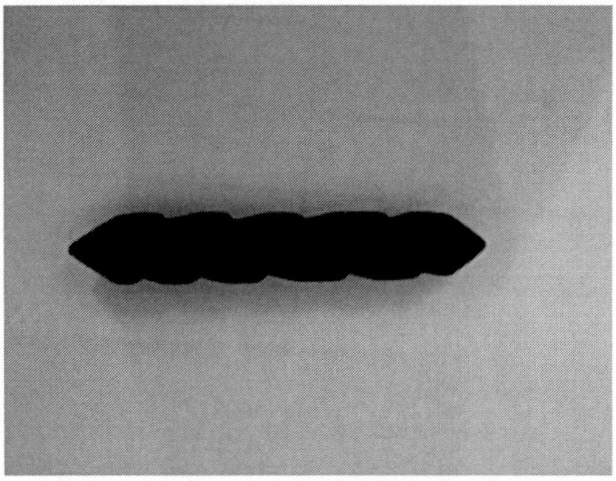

9. 시니그(SINIG) 손가락 끼어 치는 것

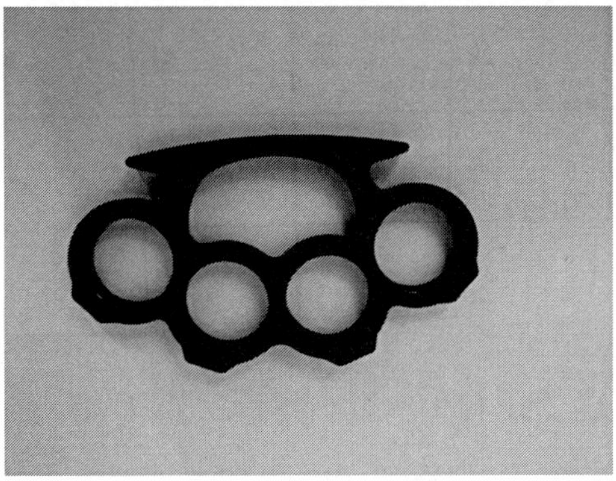

10.에스파다 와이 다가(ESPADA Y DAGA) 스틱과 칼

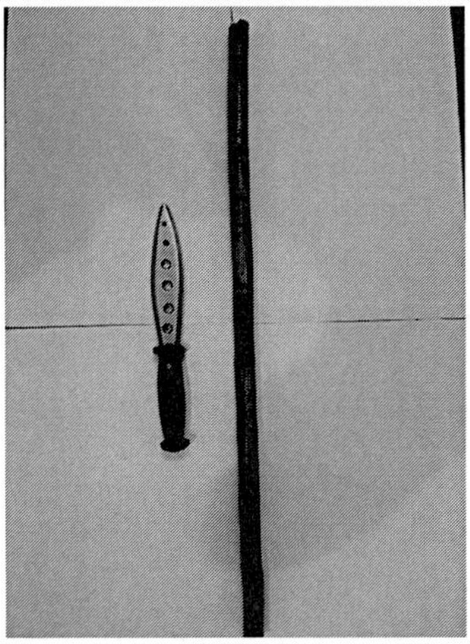

아르니스 용어

1. 경례- PUGAY - BOW&SALTE
2. HARAP SA KATYNGARI- FACE EACH OTHER OR FACE TO YOUR OPONENT
3. 타임- TAGA ORAS - TIME
5. 심판- TAGA HATOL - JUDGE OR JURY
6. 준비- HANDA - READY
7. 시작- LABAN - FIGHT
8. 그만- HINTO- STOP
9. 승 - PANALO - WINNER
10. 승자- NAGWAGI - WINNER
11. 1점- ISANG PUNTOS - ONE POINT
12. 2점- DALAWANG-PUNTOS TWO POINT
13. 3점- PA GNAT LONG PUNTOS THREE POINT
14. 파울- PAG LABAG - FOUL
15. 인터내셔널 파울- MALUBHANG PAGLABAG- INTERTIONAL FOUL
16. 무기 탈취법- KALAS- DISARM
17. 부상- PJINSALA - INJULY
18. 악수- MAG KAMAY- SAKE HANDS
19. 갈려- HIWALAY - SEPARATE
20. 복장 단정히- MAG AYUS- FIX UNIFORM
21. 홍- PULA - RED
22. 청- BUGHAW- BLUE
23. 오른쪽- KANAN- RIGHT
24. 왼 쪽- KALIWA- LEFT
25. 앞- HARAP- FRONT
26. 뒤- LIKOD- BACK

INTERNATIONAL MODERN ARNIS FEDERRATION FORM PHIL(IMAFP) · FILIPINO FIGHTING ARTS INTERNATIONAL(FFAI) 수련 체계 및 프로모트 체계(LEVEL-YELLOW BELT)

PRACTICAL PERFORMANCE	STATIONARY	WITH FORM	RETRACTING	GRADE
DOUBLE CANE ROTATION				
DOUBLE CANE ALTERNATE				
DOUBLE SINAWARI				
SINGLE SINAWARI				
12STRIKING TECHNIQUES				
6BLOCKING TECHNIQUES				
6BLOCKING WITH COUNTER				
6DISARMING TECHNIQUES SET 1				
ANYO 1				
BASIC FOUNDATION OF FALLING				
POSTURE BALANCE				
COORDITION AND TIMING				
POWER- SPEED				
ENDURANCE				
CHARCTER DEVERLOPEMENT				
ATTENDANCE				
RESPECT-LOYARTY				
ETIQUETTE-COURAGE				
DISPLINE-SELF CONTROL				
PATIENCE				
			TOTAL	
			AVERAGE	
REMARKS				
EXCELLENT	VERY GOOD	GOOD	FAIR	FAIL
95-100	90-95	85-89	80-84	70-

INTERNATIONAL MODERN ARNIS FEDERRATION FORM PHIL(IMAFP) · FILIPINO FIGHTING ARTS INTERNATIONAL(FFAI)
수련 체계 및 프로모션 체계(LEVEL-HIGH YELLOW BELT)

PRACTICAL PREFOMANCE	STATIONARY	WITH FORM	RETRACTING	GRADE
DOUBLE CANE ROTATION				
DOUBLE CANE ALTERNATE				
DOUBLE SINAWARI				
SINGLE SINAWARI				
12STRIKING TECHNIQUES				
6BLOCKING TECHNIQUES				
6BLOCKING WITH COUNTER				
6DISARMING TECHNIQUES SET 1				
ANYO 1-ANYO 2				
BASIC FOUNDATION OF FALLING				
POSTURE BALANCE				
COORDITION AND TIMING				
POWER- SPEED				
ENDURANCE				
CHARCTER DEVERLOPEMENT				
ATTENDANCE				
RESPECT-LOYARTY				
ETIQUETTE-COURAGE				
DISPLINE-SELF CONTROL				
PATIENCE				
			TOTAL	
			AVERAGE	
REMARKS				
EXCELLENT	VERY GOOD	GOOD	FAIR	FAIL
95-100	90-95	85-89	80-84	70-

INTERNATIONAL MODERN ARNIS FEDERRATION FORM PHIL(IMAFP) · FILIPINO FIGHTING ARTS INTERNATIONAL(FFAI) 수련 체계 및 프로모션 체계(LEVEL-HIGH YELLOW BELT)

PRACTICAL PREFOMANCE	STATIONARY	WITH FORM	RETRACTING	GRADE
DOUBLE CANE ROTATION				
DOUBLE CANE ALTERNATE				
DOUBLE SINAWARI				
SINGLE SINAWARI				
12STRIKING TECHNIQUES				
6BLOCKING TECHNIQUES				
6BLOCKING WITH COUNTER				
6DISARMING TECHNIQUES SET 2				
ANYO 1				
BASIC FOUNDATION OF FALLING				
POSTURE BALANCE				
COORDITION AND TIMING				
POWER- SPEED				
ENDURANCE				
CHARACTER DEVELOPEMENT				
ATTENDANCE				
RESPECT-LOYARTY				
ETIQUETTE-COURAGE				
DISPLINE-SELF CONTROL				
PATIENCE				
			TOTAL	
			AVERAGE	
REMARKS				
EXCELLENT	VERY GOOD	GOOD	FAIR	FAIL
95-100	90-95	85-89	80-84	70-

INTERNATIONAL MODERN ARNIS FEDERRATION FORM PHIL(IMAFP) · 수련 체계 및 프로모션 체계(LEVEL-BLUE BELT)

PRACTICAL PERFOMANCE	STATIONARY	GRADE
DOUBLE CANE ROTATION	1.DOWN 2.SLICE 3.ARMPIT	
DOUBLE CANE ALTERNATE	1.DOWN 2.SLICE 3.ARMPIT	
DOUBLE SINAWARI RALDO	1.STATIONARY 2.ONE STEP ONE STRIKE 3.HALF SET 4.FULL SET	
SINGLE SINAWARI RALDO	1.STATIONARY 2.ONE STEP ONE STRIKE 3.HALF SET 4.FULL SET	
REDONDA	1.STIONARY 2.MOVEMENT 3.RETRACTING	
12STRIKING TECHNIQUES	6 TO 6 WITH MOVEMENT	
6BLOCKING TECHNIQUES	6 TO 6 WITH MOVEMENT	
6BLOCKING WITH COUNTERATTACK	1.SINGLE 2.DOUBLE 3.TRUSTING 4.BUTTING	
6DISARMING TECHNIQUES SET 2	SET NO1-SET NO2 STATIONARY AND MOVEMENT	
ANYO 1-2		
BASIC FOUNDATION OF FALLING		
POSTURE BALANCE		
COORDITION AND TIMING		
POWER- SPEED		
ENDURANCE		

CHARACTER DEVELOPMENT				
ATTENDANCE				
RESPECT-LOYARTY				
ETIQUETTE-COURAGE				
DISPLINE-SELF CONTROL				
PATIENCE				
		TOTAL		
		AVERAGE		
REMARKS				
EXCELLENT	VERY GOOD	GOOD	FAIR	FAIL
95-100	90-95	85-89	80-84	70-

INTERNATIONAL MODERN ARNIS FEDERATION FORM PHIL(IMAFP) · 수련 체계 및 프로모션 체계(LEVEL-HIGH BLUE BELT)

PRACTICAL PERFOMANCE		GRADE
DOUBLE CANE ROTATION	1.DOWN 2.SLICE 3.ARMPIT 4.MOVEMENT 5.CIRCULAR FORM	
DOUBLE CANE ALTERNATE	1.DOWN 2.SLICE 3.ARMPIT 4.MOVEMENT 5.CIRCULAR FORM	
DOUBLE SINAWARI WITH PARTNER	1.STATIONARY 2. MOVEMENT 3.RETRACTING 4.CIRCULAR RALDO	
SINGLE SINAWARI WITH PARTNER	1.STATIONARY 2. MOVEMENT 3.RETRACTING 4.CIRCULAR RALDO	
REDONDA WITH PARTNER	1.STATIONARY 2. MOVEMENT 3.RETRACTING 4.CIRCULAR RALDO	
12STRIKING TECHNIQUES	1.STATIONARY 2. MOVEMENT 3.RETRACT 4.CIRCULAR RALDO	
6BLOCKING TECHNIQUES	〃	
6BLOCKING WITH COUNTERATTACK	1.SINGLE 2.DOUBLE 3.TRUSTING 4.BUTTING	
6DISARMING TECHNIQUES SET 2	SET NO1-SET NO2 STATIONARY AND MOVEMENT	
ANYO 1-2		
BASIC SPARING		
POSTURE BALANCE		

CHARACTER DEVELOPMENT			
ATTENDANCE			
RESPECT-LOYARTY			
ETIQUETTE-COURAGE			
DISPLINE-SELF CONTROL			
PATIENCE			
		TOTAL	
		AVERAGE	
REMARKS			

EXCELLENT	VERY GOOD	GOOD	FAIR	FAIL
95-100	90-95	85-89	80-84	70-

INTERNATIONAL MODERN ARNIS FEDERATION FORM PHIL(IMAFP) · 수련 체계 및 프로모션 체계(LEVEL-GREEN BELT)

PRACTICAL PERFOMANCE		GRADE
DOUBLE CANE ROTATION	1.DOWN 2.SLICE 3.ARMPIT 4.PILANTIK	
5. V-FORM DOUBLE CANE ALTERNATE	1.DOWN 2.SLICE 3.ARMPIT 4.PILANTIK	
DOUBLE SINAWARI WITH PARTNER	1.STATIONARY 2. MOVEMENT 3.RETRACTING 4.CIRCULAR RALDO 5. V-FORM	
SINGLE SINAWARI WITH PARTNER	1.STATIONARY 2. MOVEMENT 3.RETRACTING 4.CIRCULAR RALDO 5. V-FORM	
REDONDA WITH PARTNER	1.STATIONARY 2. MOVEMENT 3.RETRACTING 4.CIRCULAR RALDO 5. V-FORM	
12STRIKING TECHNIQUES	1.STATIONARY 2. MOVEMENT 3.RETRACT 4.CIRCULAR RALDO 5. V-FORM	
6BLOCKING TECHNIQUES	〃	
6BLOCKING WITH COUNTERATTACK	1.SINGLE 2.DOUBLE 3.TRUSTING 4.BUTTING 5. V-FORM	
6DISARMING TECHNIQUES SET 2	SET NO1-SET NO2-SET N0 3 STATIONARY AND MOVEMENT	
ANYO 1-2	ANYO 3	
BASIC SPARING		
POSTURE BALANCE		

CHARACTER DEVELOPMENT			
ATTENDANCE			
RESPECT-LOYARTY			
ETIQUETTE-COURAGE			
DISPLINE-SELF CONTROL			
PATIENCE			
		TOTAL	
		AVERAGE	
REMARKS			

EXCELLENT	VERY GOOD	GOOD	FAIR	FAIL
95-100	90-95	85-89	80-84	70-

INTERNATIONAL MODERN ARNIS FEDERATION FORM PHIL(IMAFP) · 수련 체계 및 프로모션 체계(LEVEL-HIGH GREEN BELT)

PRACTICAL PERFOMANCE				GRADE
DOUBLE CANE ROTATION	1.DOWN 2.SLICE 3.ARMPIT 4.PILANTIK			
5. V-FORM DOUBLE CANE ALTERNATE	1.DOWN 2.SLICE 3.ARMPIT 4.PILANTIK			
DOUBLE SINAWARI WITH PARTNER	1.STATIONARY 2. MOVEMENT 3.RETRACTING 4.CIRCULAR RALDO 5. V-FORM			
SINGLE SINAWARI WITH PARTNER	1.STATIONARY 2. MOVEMENT 3.RETRACTING 4.CIRCULAR RALDO 5. V-FORM			
REDONDA WITH PARTNER	1.STATIONARY 2. MOVEMENT 3.RETRACTING 4.CIRCULAR RALDO 5. V-FORM			
APPLICATION OF 12STRIKING WITH COUNTER ATTACK	1.SINGLE 2.DOUBLE 3. TRUSTING 4. BUTTING			
6DISARMING TECHNIQUES SET 2	SET NO1-SET NO2-SET N0 3			
ANYO 1-2	ANYO 4			
BASIC SPARING				
POSTURE BALANCE				
CHARACTER DEVELOPMENT				
ATTENDANCE				
RESPECT-LOYARTY				
ETIQUETTE-COURAGE				
DISPLINE-SELF CONTROL				
PATIENCE				
		TOTAL		
		AVERAGE		
REMARKS				
EXCELLENT	VERY GOOD	GOOD	FAIR	FAIL
95-100	90-95	85-89	80-84	70-

INTERNATIONAL MODERN ARNIS FEDERATION FORM PHIL(IMAFP) · 수련 체계 및 프로모션 체계(LEVEL-BROWN BELT)

PRACTICAL PERFOMANCE		GRADE
DOUBLE CANE ALTERNATE	1.STATIONARY2. MOVEMENT3.RETRACTING 4.CIRCULARRALDO 5. V-FORM	
SINGLE CANE ALTERNATE	1.STATIONARY2. MOVEMENT3.RETRACTING 4.CIRCULARRALDO 5. V-FORM	
DOUBLE SINAWARI WITH PARTNER	1.STATIONARY2. MOVEMENT3.RETRACTING 4.CIRCULARRALDO 5. V-FORM	
SINGLE SINAWARI WITH PARTNER	1.STATIONARY2. MOVEMENT3.RETRACTING 4.CIRCULARRALDO 5. V-FORM	
REDONDA WITH PARTNER	1.STATIONARY2. MOVEMENT3.RETRACTING 4.CIRCULARRALDO 5. V-FORM	
REVERSE SINAWARI	1.STATIONARY2. MOVEMENT3.RETRACTING 4.CIRCULARRALDO 5. V-FORM	
REVERSE REDONDA	1.STATIONARY2. MOVEMENT3.RETRACTING 4.CIRCULARRALDO 5. V-FORM	
ANYO 1-2	ANYO 3-4	
SPARING	1.STATIONARY2. MOVEMENT3.RETRACTING 4.CIRCULARRALDO 5. V-FORM	
FIGURE 8 AND REVERSE FIGURE 8		
BANDAY BANDA&UP AND DOEN AND INAYONG		
6DISARMING TECHNIQUES	SET 1-SET 4	

CHARACTER DEVELOPMENT			
ATTENDANCE			
RESPECT-LOYARTY			
ETIQUETTE-COURAGE			
DISPLINE-SELF CONTROL			
PATIENCE			
		TOTAL	
		AVERAGE	
REMARKS			

EXCELLENT	VERY GOOD	GOOD	FAIR	FAIL
95-100	90-95	85-89	80-84	70-

INTERNATIONAL MODERN ARNIS FEDERATION FORM PHIL(IMAFP) · 수련 체계 및 프로모션 체계(LEVEL-1ST BROWN BELT)

PRACTICAL PERFOMANCE		GRADE
CANE EXERCISES		
DOUBLE&SINGLE CANE ALTERNATE		
SINGLE CANE ALTERNATE		
DOUBLE SINAWARI &REVERSE SINAWARI		
SINGLE SINAWARI AND REVERSE RADODA		
APPLICATION OF SINAWARI 4 MOVE LARGO		
APPLICATION OF SINAWARI 4 MOVES LARGO		
APPLICATION OF 12 STRIKING AND 6 BLOCKING WITH COUNTER ATTACK		
6 DISMISING TECHNIQUES	SET NO 1- SET NO 4	
SPARING		
FIGURE 8 AND REVERSE FIGURE 8		
BANDAY BANDA&UP & DOWN AND PINAYONG		
ROMPIDA		
DOBLETE		
CHARACTER DEVELOPMENT		
ATTENDANCE		
RESPECT-LOYALTY		
DISPLINE-SELF CONTROL		
	TOTAL	
	AVERAGE	
REMARKS		

INTERNATIONAL MODERN ARNIS FEDERATION FORM PHIL(IMAFP) · 수련 체계 및 프로모션 체계(LEVEL-2ND BROWN BELT)

PRACTICAL PERFOMANCE		GRADE
CANE EXERCISES		
DOUBLE&SINGLE CANE ALTERNATE		
SINGLE CANE ALTERNATE		
DOUBLE SINAWARI &REVERSE SINAWARI		
SINGLE SINAWARI AND REVERSE RADODA		
APPLICATION OF SINAWARI 4 MOVE LARGO		
APPLICATION OF SINAWARI 4 MOVES LARGO		
APPLICATION OF 12 STRIKING AND 6 BLOCKING WITH COUNTER ATTACK		
6 DISMISING TECHNIQUES	SET NO 1- SET NO 4	
SPARING		
ANYO	ANYO NO 1- NO 5	
FIGURE 8 AND REVERSE FIGURE 8		
BANDAY BANDA&UP & DOWN AND PINAYONG		
ROMPIDA, DOBLETE		☆
ABANIKO KORTO LARGO		☆
ESPADA Y DAGA WITH PARTNER		☆
CHARACTER DEVELOPMENT		
ATTENDANCE		
RESPECT-LOYALTY		
DISCIPLINE-SELF CONTROL		
	TOTAL	
	AVERAGE	
REMARKS		

INTERNATIONAL MODERN ARNIS FEDERATION FORM PHIL(IMAFP)FILIPINO FIGHTING ARTS INTERNATIONAL(FFAI)
수련 체계 및 프로모션 체계(LEVEL- BLACK BELT)-LAKAN

PRACTICAL PERFOMANCE		GRADE
CANE EXERCISES		
DOUBLE&SINGLE CANE ALTERNATE		
DOUBLE SINAWARI &REVERSE SINAWARI		
SINGLE SINAWARI AND REVERSE REDONDA		
APPLICATION OF SINAWARI 4 MOVE LARGO AND CORTO		
APPLICATION OF SINAWARI 4 MOVES LARGO		
APPLICATION OF 12 STRIKING AND 6 BLOCKING WITH COUNTER ATTACK		
6 DISMISING TECHNIQUES	SET NO 1- SET NO 4	
SPARING		
ANYO	ANYO NO 1- NO 5	
FIGURE 8 AND REVERSE FIGURE 8		
BANDAY BANDA&UP & DOWN AND PINAYONG		
ROMPIDA, DOBLETE ABANIKO PINAYONG		
FREE STYLE SPARING	N0 1-NO 5	☆
ESPADA Y DAGA WITH PARTNER		
CHARACTER DEVELOPMENT		
ATTENDANCE		
RESPECT-LOYALTY		
DISCIPLINE-SELF CONTROL		
	TOTAL	
	AVERAGE	
REMARKS		

부　록(쿠도 마스터의 아르니스 발표 자료)

WHAT IS ARNIS: Arnis (also called Eskrima, Kali) is a generic name term from the deadly Martial Arts of the Philippines. It contain both bare hand and weaponry arts everything that has got to do with fighting.

-Concept of Arnis, Eskrima,Kali:
is Blade.

-Basic principle arts of Arnis:

1.Weapon
2.Extention of the hands
3. Any object base in principle of the arts, you can apply as arnis

Proper holding or handgrip of arnis stick:
one (1″) or two (2″) form the butt.
Pictures: Handgrips, Size of stick. Padded

Handgrip,

Blade bolo Sticks Padded Sticks

SALUTATION:

PUGAY YUGPO

Hand Pugay *Solo baston* *Double baston* *Yug-Po*

Republic Act 9850

-An act declaring Arnis as the national martial Arts and Sport of the Philippines, approved on 11 December 2009,define the indigenous Filipino Martial Arts of Arnis and declares it as the "Philippine National Martial Art and Sport."

-The Act then orders the Department of Education, the National Commission for Culture and the Arts, and the Philippines Sports Commission to promulgate the rules and regulations necessary to carry out its provisions.

WEAPON USE FOR ARNIS, ESKRIMA, KALI

- SOLO BASTON
- DOUBLE BASTON
- SPADA Y DAGA
- BANGKAW
-TAMING or KALASAG
- DULO-DULO
- SANGOT or KARAMBIT
-HIGOT-HIGOT
-MALONG
-IMPROVICE WEAPON or object for practical use.

BASIC LESSON OF ARNIS

1. DRILLS EXERCISES:

.Warm up
.Single twirling
.Double twirling

2. STANCES:

. Tindig Tayo
.Tindig Pabuka
. Tindig Pasaklang
.Tindig Pasulong
.Tindig Panglaban

3. DOUBLE BASTON

. Double Sinawali
. Single Sinawali
. Redonda

12 STRIKING TECHNIQUE or 12 VITAL POINTS

1. LEFT TEMPLE
2. RIGHT TEMPLE
3. RIGHT SHOULDER
4. LEFT SHOULDER
5. STOMACK TRUSS
6. LEFT CHESS TRUSS
7. RIGHT CHEES TRUSS
8. RIGHT KNEE STRIKE
9. LEFT KNEE STRIKE
10. LEFT AYE TRUSS
11. LEFT EYE TRUSS
12. CROWN STRIKE

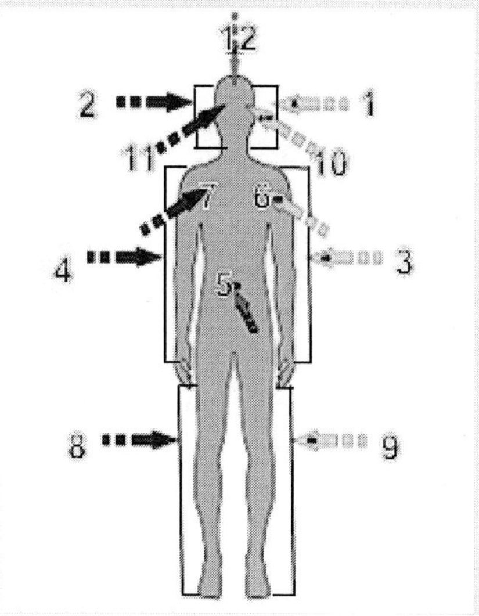

6 BLOCKING TECHNIQUE:

1. OUTWARD BLOCK
2.INWARD BLOCK
3.DOUNWARD INWARD BLOCK
4. DOUNWARD OUTWARD BLOCK
5, RISSING BLOCK
6. VERTICAL BLOCK

.COUNTER ATTACK TECNIHQUE:

.DISARMING TECHNIQUE:

.3-PRINCIPLE FORCE USE OF ALL MARTIAL ARTS:

1. FORCE TO FORCE
2. OUT TO FORCE
3. GO W/D THE FORCE

CLASSICAL FORM or TRADITIONAL MOVEMENT

1.Figure 8 – Pigura otsto
2.Side to side slashing-Banda y Banda-Plansada
3. Up and Dounw -Taas Baba- Buhat Araw
4. Planting Rise - Rompida
5. Umbrella- Pinayong
6. Fun movement - Abanico-Pamay pay
7. Truss and Slashing - Sunkite- Tusada
8. Double circle movement - Doublete- Dublada
9.Circular - Labugay-sinilo

SINCO TERROS – FIVE STRIKE

1. Buhat araw
2. Bunot
3. Saboy
4.Aldaves
5. Saksak

CONSEPT PRINSIPLE OF ARNIS

1. COMBATIVE ARNIS
2. CULTURAL ARNIS
3. SPORTS ARNIS
4. PRACTICAL ARNIS

ARNIS RANKING in MODERN SYSTEM

• BELTING SYSTEM	EQUEVALENENT	POSITION	INSTRUCTOR LEVEL SYSTEM
a. White Belt	LIKHA	SIMULA	INSTRUCTOR TRAINIE
b. Yellow Belt	DILAW	BAGUHAN	INSTRUCTOR LEVEL No.1
c. Green Belt	LUNTIAN	SULONG	INSTRUCTOR LEVEL No.2
d. Blue Belt	BUGHAW	HUBOG	INSTRUCTOR LEVEL No.3
e. Brown Belt	LIKAS	TAGA-SANAY	INSTRUCTOR LEVEL No.4
f. Black Belt	LAKAN/DAYANG	TAGA AKAY(Assistant instructor LEVEL No.5	
1st	ISA	Instructor	
2nd	DALAWA	Jr. Instructor	
3rd	TATLO	Jr. Guro	
4rt	APAT	Sr. Guro	
5ft	LIMA	DALUBHASA 2 Sr. Guro	
6th	ANIM	DATU-Punong Guro Jr. Master	
7th	PITO	RAHA 1 Sr.Master	
8th	WALO	RAHA 2 Grand Master	
9th	SIYAM	RAHA 3 Grand Master	
10th	SAMPU	MAHARAHA Grand Master	

SPPARING COMPITITION(LABANAN)(PADDEDSTICK)(LIVESTICK)
: PEKEF RULES
: IMAFP RULES
: DEAP RULES

FORM COMPITITION (ANYO)
(Single Form)(Synchronize Form composed of 3 Person)
STANDARD ANYO
TRADITIONAL ANYO
NON-TRADITIONAL ANYO
CREATIVE ANYO

DUELO COMPITITION (ROUTIEN FORM Composed of 5 Person)

FILIPINO MARTIAL ARTS

필리핀 FEU대학 세미나(2018,상·하)

선문대학교 무도장(좌)

세계무예챌린지 대회(2019,선문대학교)

세계태기무예연맹 초청 세미나(한국 경기도 남양주시)

저자소개

용인대학교 격기학과 졸(현 동양무예학과)
일본체육대학 대학원 졸(스포츠운동학 석사)
용인대학교 대학원 박사 졸(체육학 박사)
중국 북경체육대학 무도학 고급 연구원
미) IWOA STATE UNIVERSITY 방문교수
필) IPLC(International Peace Leadership College)
필) EARIST College Dept. Criminology 방문교수

현) 세계 태기(泰氣)무예협회 회장
현) 선문대학교 무도경호학과 교수